金牌獵人 朱均澤——著

冠軍分析師金牌獵人從零開始傳授「獨創活K線」，
掌握交易時間週期，輕鬆賺匯差

千萬獲利的

匯差投資法

€ ¥ € ￦ $ £ ￥ £

目 錄

第 1 章　從負債千萬到滾利千萬

第 2 章　從制高點正確觀察戰局

推薦序
值得仿效的獲利方程式

—— 陳重仰 Elson，台股實戰贏家

　　和朱大哥相識於十年前，當年的我剛從元大期貨海龜交易培訓結業，對於交易這件事剛有了基本的認知，在一個小聚會的場合認識了朱大哥，他在贏家與輸家交易邏輯、心態的解讀上，讓我印象深刻，經常切磋討論，讓當年剛用小資金投入股市實戰的我獲益良多！

　　這幾年，雖然我持續在台股中操作著自己熟悉的商品，而朱大哥已從台灣市場進軍到國際的外匯商品，但在拜讀完這本書後，我發現雖然換了投資商品，但其實贏家在交易上找到屬於自己優勢與穩定獲利的方法，萬變不離其宗：

1. 建立正確的投資心態

2. 找尋適合的商品

3. 擬定交易的 SOP

4. 資金控管的紀律

　　做交易跟做生意、做人生中大小決策一樣，我們能努力的是，提升前述這些決策品質，損益、成敗只是結果的呈現！

　　在書中，朱大哥從自己過去慘賠的實戰經驗中，心法上不斷自省、內化，避開在交易上會讓自己再度陷入危險的地雷區，並用裸 K 搭配總經事件的解讀，重複執行穩定獲利的方程式，有別於許多專職操盤人每天只有面對著滑鼠、鍵盤、螢幕，朱大哥投入健身與親近大自然，讓身心靈也跟著財務數字的提升形成正循環，很值得讀者們仿效！

推薦序
兼具專業與運氣的「養心投資」

—— 段凱譯 Edison，OTSO 黑森科技 CEO

　　在投資的世界裡，若專業技巧和運氣都是必要的，當你閱讀這本書時，你將同時具備這兩者。

　　然而，不斷學習和不斷成長是取得成功的關鍵。在這個資訊爆炸的時代，獲取有價值的投資知識和資源變得更加重要。

　　這本書是由一位多年來一直致力於金融市場，不斷進步，並且為散戶和學員提供幫助的交易教練所撰寫。他將自己的心路歷程分享給更多在股海中搖擺不定的投資人。

　　投資是一個複雜的決策過程，就像你試圖炒出一盤美味的炒飯，你需要考慮許多因素：火力、時間、調味品的使用……。然而，每個人做炒飯的結果都不一樣，投資也是如此。

　　唯一確保成功的方法，就是持續練習。在金融市場

上，最不需要的就是「貪婪」。近年來，朱老師專注於推動「養心投資」，並不斷向學員和朋友們強調如何培養心態，在投資中避免貪婪這個風險管理的大忌。

在我的工作生涯中，我與朱老師有著多次的合作和交流。不管是以一個充滿熱情的個人投資人的身分，還是以一個能夠鼓舞學員的專業交易教練的角色站在講台上，朱老師都給人留下深刻的印象。

特別是在我們致力於打造一個對投資人更有利的平台——SoFinX（Social Finance Exchange）的時候，朱老師對這樣以社交平台為基礎，提供投資者站在巨人肩膀上的概念表示強烈的支持和推動。SoFinX 為投資人提供了一個社交環境，讓他們可以從其他成功的投資者那裡獲得啟發和指引。這種以社交網絡為基礎的學習和合作模式，為投資人提供了一個無價的資源，可以加速他們的學習和成長。

朱老師作為 SoFinX 平台的支持者和推動者，他的投資智慧和專業知識為平台帶來了額外的價值。他的教學和指導可以幫助投資人在學習技術的同時，更好地利用 SoFinX 平台上的數據分析工具，提升他們的投資主動性和被動性，從而擴大他們的投資價值。

這本書是一個寶貴的資源，可以幫助讀者在投資的旅程

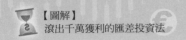

中，取得更大的成功。結合這本書和 SoFinX 平台，讀者可以獲得全面的投資知識，並透過與其他投資人的交流和合作，不斷提升自己的投資能力。

我強烈推薦你閱讀這本書，從中獲得知識和智慧，以在金融市場上獲得更好的成果。

祝你投資順利！

讓你打下良好的投資基因

—— 曾郡秋，資深媒體人

2022 年，我開始學投資，但最後決定以「外匯保證金」為主要的投資方式。當然，最大原因即是金牌獵人團隊創造了一個很完整的外匯保證金投資學習環境，以及朱均澤老師教學的風格和態度。

任何一堂投資課程，內容雖不相同，但原理原則大同小異。投資有賺有賠，這句話每個投資人都耳熟能詳，可是面對百變的投資市場時，它有著相當細膩的運作內涵。

多數投資學習者最大的煩惱，即是學習了以後不知道自己究竟操作的是對或是錯，讓課程學習後猶如一隻孤鳥，沒有同伴情況下磕磕絆絆往前進。

但朱老師的課程從技術到學習，再到心理建設，是一整套的投資技巧與心法完整結合。從網路社團到線下 LINE 群組學員之間的互動，都讓學生在學習上擁有充分的資

源，這點真的非常棒。

　　另外，我和老師學習近 8 個月（2022 年 10 月實體課
到 2023 年 6 月），從老師身上看到人無極限，他把投資概
念融入身心靈領域，並透過實踐讓人感受到人無極限的樣
貌。如近日老師也成為健身一族，也透過正確的營養學概念
讓自己看起來愈來愈年輕有活力。

　　還有最佩服老師的一點，即是他每個月都會推出課程，
看起來講的內容都是外匯保證金技術，但每次都會有不同
的優化，一次比一次精進。近日上老師的財富冥想課也是如
此，不管是內容，還是相關訊息，他每次總是會提煉出更
好、更適口的內容，讓學生能在課堂上全然吸收。

　　另外，他真的是最認真的老師，每週的學員輔導課他從
不缺席，有任何問題請教他，他也從不推辭。有一次，我在
線上請教老師一個股票問題，但我心裡也有打算就算老師不
回答也是正常的。沒想到老師不但回答了，並告訴我要把他
教給我的心法運用在股票市場上，這樣的態度讓我覺得老師
非常大器。

　　讓我們來談談朱老師所教授的外匯跟盤投資 SOP 有何
神奇魅力。那魅力就是，它是精準的投資模式，我和他學習
至今，賺錢的幾乎都是按照老師 SOP 來操作的；反之，則

是自己心慌意亂下得到的結果。

老師的投資觀念，或許和許多人不同，但扎實的功力和正確的投資概念，一定可以讓你打下非常良好的投資基因。

在這邊感謝老師的教導，也祝福老師新書大賣！更希望看到此文的你，一起和這麼好的老師學習，一起成為金牌獵人一族，一起創造健康、美好、自由豐盛的財富人生。

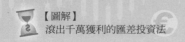
推薦序
當投資遇上量子

—— 吳沛宸（莎莎），莎莎愛無限量子雲端醫學創辦人

均澤院長和我的認識，源於量子高維儀器與課程，透過量子業界朋友對我的推崇與引薦，在 2022 年 11 月 11 日，均澤來到我的教室向我請益量子高維空間提升與轉換。

對均澤院長的第一印象是一位帥氣優雅風度翩翩的君子，然而講到本業的時候，是篤定的英姿煥發。疫情期間，對於學員的投資保持相當慈悲的同理心與關懷，同時準備在他的外匯投資課程加入冥想，我想這應該是其他投資課程前所未有的發想。

我本身來自於醫療專業及量子醫學，對於外匯期貨股票投資一竅不通，聽到數字就可以馬上閣上眼的我，對於均澤院長的分析與概況聽起來有一套獨特的心法，精闢入裡風格明快，幽默風趣豐富有料；對於學員的各方面疑問都能夠第一時間解答釋疑，像母雞帶小雞這樣溫馨的亦步亦趨教

導，書中提到「投資，其實是管理我們的貪婪跟恐懼」，光是這句話就可以看到均澤院長成功的法則與心法。

「過程對、結果才會對，這是所謂的程序正義。」這句話則充分顯示的均澤院長的正派投資理念。

均澤院長自己獨創的「獨創直覺K戰技法」：中心思想、天網矩陣、時空七型、時間系統、科技輔助、裸K奧義，帶領許多學員走過操作的盲點，只能說均澤院長是業界罕見的努力的天才型投資專家。

同時均澤院長也是暖男，對母親的孝順、對孩子的開放教導、對學員的面面俱到有教無類，在在都證實這是一個成功的企業家，值得信賴與推薦的投資專家。

為了讓每一位學員全方位的提升成就自己，特別與我莎莎老師合作提供學員每月一次高維訊息授課，為了清理學員的心靈種子移除阻礙，特別安排有需要的學員做個人專屬療程提升轉化自己圓滿轉換心想事成，是一位以學員需求為出發點的投資老師，真正了解學員，才能引導其做出正確的投資，進而創造財富並且持續永久。

均澤院長提供的是另一種訊息成長，大家投資外匯的這個過程也是一段美好的經歷和歷程，也屬於一種無形的財富，及自我管理。

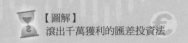

　　我看到的是，金牌量子學院不僅是單純教學跟盤操作盈利，還讓學員學習到一些新的投資理念及幸福生活方法。

　　均澤院長帶學員冥想是一件很棒的事；一般投資人面對追漲殺跌或被軋空手的情境，內心浮現「不甘心」的感覺很正常，然而這也是一個危機信號，

　　倘若放任這股不甘心的心態發酵，很可能會在心理狀態不穩定的情況下，做出錯誤的投資決策。或者逢低猛追、逢高狂飆……這些都是投資大忌，冥想定心能夠提供學員的定力，我想這也是其他地方所沒有的。

　　投資如果到最後把自己的信心毀掉、心如刀割、悲觀人生，抱著不甘心的心態做投資決策，那可能是你沒有找對好的投資專家學習。

　　本書毫無疑問是投資者的葵花寶典。

　　祝福金牌量子學院每位學員眼利如鷹、手快如閃電、運勢如猛虎出閘、在投資的浪潮裡翻轉出自己的亮麗人生。

學員見證分享

「我住在美國 30 年，也是從事金融相關的工作，曾經有過金融、期貨、外匯、創投等相關經驗，也曾經在期貨最高殿堂美國芝加哥 CME 交易所擔任過將近一年的交易員。老師在課堂上所說的，尤其在心態的建立和培養，以及對於止損的觀念，完全跟我在美國 15 年的工作經驗不謀而合。老師提到關於「勢」，也就是動能的觀察，絕對是值得大家學習。我非常高興，能有機會，再跟朱老師學習。」

—— 劉小崧 Jeff，前 CME 期貨交易所交易員

「我是一位三寶媽，也是投資小白。過去，我對投資一直有刻板印象，就是要看很多數據分析和盯盤，所以提不起興趣。這三年疫情肆虐、導致大環境生態的改變，讓我思索什麼型態的產業在後疫情時代是比較穩定的。經過老師的方法，讓我對破位 K 的應用及進場點更清楚，也要好好去了解總經的前因後果，讓我更快速容易明白其中的奧祕。」

—— 何珮甄，品牌設計師

「讓我最有感、打動人心的是老師不斷強調的心態。以前，我明知道已虧損，卻不願意面對自己的失敗，造成錯誤的判斷，還是期待它會漲回來，都以為曾經贏大錢的判斷是對的，導致愈輸愈多，甚至自以為聰明，虧損後會操作反方向的單來鎖單，期望有一天能解開，曾經花了一個多月差點解開，但抵不過這些日子的煎熬，最後全停損，後來想想當時也不過虧兩三萬元，但就是固執死不認錯，反而影響自己的心情及接下來的操作，再加上曾經偶爾的大贏而有很多心裡美麗的小劇場，讓我一直陷在那圈圈裡，謝謝老師給我的當頭棒喝，謝謝老師摧毀了我的白日夢，也讓我能謙卑學習接下來的技術面，心態不對，技術再好都枉然，得到前要懂得放下，盈利前先計畫虧損，下單前先仔細觀盤。」

——吳家賢，刺青師

「2023 年，我開始學習投資，學習投資的理由很簡單，就是想累積多一點財富，快速達到財富自由，也因為孩子進入青春期，我想多一點時間陪他，也更想放手去做更多自己想做的事，不要被任何工作綁住。每一個人都有強弱項，確實理解數字相關是我弱項中的弱項，以前的我可能會放棄，但這次我卻沒有，我自己找到了答案，因為我沒有上

過一堂投資課，有任何一位老師會這麼有耐性和大方開設資源，一直在同樣的地方等待我們進步，一直給予我們幫助。更重要的是，我知道我很快就能財富自由，人生更精采豐盛。」

—— Autumn Tseng，文創產業

「每次上完課，我都深感老師一次比一次講的還仔細，一邊聽課一邊回想自己下單時出現過的錯誤步驟，以及恐懼、焦慮的情緒，再重新釐清自己的問題，發現自己比較大的問題就是自己的內心狀態。老師常說，知道還要做到，這一步之遙背後需要付出非常多的努力，未來還會持續努力將內容深刻內化，希望學會後對未來人生有不一樣的改變。」

—— 賴柏宇，鋼鐵公司主管

「之前因為一些關係被詐騙，金額達到一百多萬元。剛開始要接觸外匯時也不知道什麼是外匯，只有接觸過股票，有一些獲利。第一次上課是自己看課後影片，看完之後，筆記都有記下來，只是 K 線裡有些東西不是完全了解，變成像是只有聽進去，但沒有完全吸收。第二次上課，把之前有問題的地方都了解並吸收。操作模擬單時，

每次都會錄影，以便知道自己問題在哪，當下發現當下改正。等獲利穩定到達 10％或 15％之後，就可穩定為自己創造第二份收入，希望可以把之前被騙的錢慢慢賺回來。」

—— 周柏叡，軍人

「我是一位護理師，我從五專 3 年級就開始接觸外匯，但虧了很多錢，雖然學了滿多技術，就算賺到錢，後來也都虧錢，每天除了上班基本上都在看盤做單，也都虧錢。後來，學習老師看裸 K 的方法，看供需單，以一分鐘 K 線操作，發現老師的課程真的是我喜歡的方法，什麼時候要進場、什麼時候要停損、什麼時候要加碼，讓我的困擾得到解答。以前所學的技術，是很擔心錯過好的點位，手機不敢離身、不敢休息，因為怕錯過，下到單了又怕虧損，更不敢休息了。使用老師所教的方法後，進場到出場花不了多少時間，出場就好好休息，反正每天都有超級多的交易機會，現在每天下班都在練習，希望自己愈來愈好。」

—— 陳福興，護理師

前言
用正確的心態投資未來

「這世界公平嗎？」

我有一個朋友是朝九晚五的上班族，他看著同事房車洋房、吃穿不愁，跟我抱怨：這個世界真不公平！明明都是同事，別人是含著金湯匙出生的「富」二代，而他是早出晚歸、身兼數職的「負」二代（負債的負）。每個月的薪水，他付了房租錢、手機費、三餐、生活固定支出，就所剩無幾……連買台摩托車都要分期付款，更別提買房、結婚、生子。

這個世界不公平嗎？端看我們用什麼樣的角度去面對。

想一想：每個人最後都難逃一死、每個人一天都有24小時、每個人都可以呼吸免費的空氣……世界，似乎又是公平的。這世界的公平與否，其實是隨著自己的想法而轉變，而每個人都可以透過改變想法、積極學習，進而改變未來。

我相信只要願意，只要有心，每個人都可以實現人生願望清單。跳脫自怨自艾、不看別人，自造福田，自得福緣，我就是這樣一個靠自己努力學習而達成夢想的人。

欠下巨債，父親帶全家落跑

在我國中三年級某天，放學一回到家，父親臉色慌張，要全家人趕緊把重要的東西收一收，當天就摸黑搬走。父親是大家樂組頭，因為沒有風險控制的概念，一下子欠下「巨債」，只好帶全家跑路。

我們先躲在房東家，幾經輾轉流離，最後悄悄落腳在阿嬤家。但債主最終還是在學校偷偷找到了我，跟蹤我回家找上了父親。家裡經營的佛具店全部抵押還不夠，感謝我的阿嬤、叔叔、嬸嬸、姑姑沒讓我知道債主找上門讓我能安心念書，由他們處理爸爸的債務，父親自此抑鬱落寞，也罹患鼻咽癌第三期，由我開始陪爸爸就醫，不斷進出醫院，接受化療與放射線治療。

我 18 歲那年，父親因鼻咽癌離世。父親是家族中的老大，我是家族中的長孫，臨終前父親在病榻上對我說：

「很抱歉，這麼早就把家裡擔子交給你……」我泣不成聲，我所愛的父親，多麼不負責任，這麼早就離開我。

讀專科時，我兼職 3 份工作，其中送早報每天凌晨 5 點起床連續 2 年都沒請過假。打工的日子常常會讓我想起父親早年安穩經營佛具店的風光情形。那時客人絡繹不絕，父親常受邀去幫客人安香爐、請神明、為佛像開光、安座佛桌……當時，最紅的八點檔連續劇《星星知我心》劇中受觀眾喜愛的主角小彬彬，他的父親也是我家店裡的客人。可惜父親迷上大家樂、求名牌、當組頭，最終迷失在賭盤而忘卻了本業。

美好有餘的家庭時光不再，佛具店風光了十幾年，一下子因為賭盤而家道中落，所以我恨賭，心中發誓這輩子絕不碰賭。我早上送報、晚上在民歌西餐廳唱歌、週末假日幫人修電腦。我學的是資管，又去輔修商學院課程，學生時期就參加股票交易比賽開始接觸到投資，自己打工支付學費，就這樣讀完專科三年。

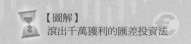
穩穩守住賺來的錢，拿回人生主控權

　　雖然父親很早就過世了，但是我始終記得父親說過：「每個人都有風光十年的機會。」或許，這是父親最後給我的祝福。我懷著「有心就有福，有願就有力」的心情，開始追逐屬於我的風光！

　　商學院課程給了我投資的基本概念，我很想賺錢（事實上也因為很需要錢），畢業後覺得需要先儲蓄，所以去當職業軍人，存了一百多萬元之後才進入職場。在部隊裡，雖然也有同僚玩股票，但我是人事官，要負責督導，只有偶爾跟同袍討論投資自己不涉入實際操作。退伍後，滿懷熱情進入直銷事業，但我發現只有金字塔組織上端的人比較容易賺到大錢，於是我利用零碎時間投資，領域包括：股票、外匯、期貨等。

　　投資之餘，我還去上心靈成長課程，遇到了一位人生嚮導，改變了自己對「金錢的認知」，這是我人生中一個啟蒙階段：所有的富人都是「以錢滾錢」；所有的窮人都是「流水花錢」。心靈課程幫助我深刻挖掘自己內心對金錢的恐懼，將自己從匱乏的欲望黑洞蹦跳出來，成為像磁鐵一樣不斷吸引金錢能量。

但所有的能量都是會流動的，後來我經過 3 次破產與 1 次嚴重虧損，在「賺了又賠」，「賠了又賺」，這樣「得失之間」反覆辯證，透過自己不斷學習、理解、吸收、演練，終於領悟出一套「顛撲不破」的獲利方法，我稱之為「金牌獵人獲利方程式」，只要遵循 SOP 並經過反覆練習後，以「直覺 K 戰」技法，就能穩穩獲利，且不再因內心的恐懼而失去金錢，這些本領都會在本書中傳授給大家。

投資不是「瞎貓碰到死耗子」

很多人迷迷糊糊投資，無來由、莫名其妙地賺了一把，這種我稱為「新手運氣」，出現這種好運的人絕對要小心，因為投資輸錢的人早已溜之大吉，贏錢的才敢留下來繼續，而這種新手好運絕對是交易之神的一個誘餌、一個陷阱，一旦沾沾自喜大膽自信投入資金，可能瞬間全盤皆輸。

投資，絕對是一門學問，更是一門藝術，不是好運、錯覺或天外飛來的一個靈感。大家一定要記得一句話：萬丈高樓平地起，地基穩固的高樓才不會倒。

在我教過的數千名學生中，其中不乏工人、學生、教

授、老闆、工程師、單親媽媽、家庭主婦……當中，不論社
會菁英或低階工人，絕大多數的人，都是有工作的。即便是
家庭主婦，也是在辛苦做完家務之餘，利用零碎時間點滴學
習，他們每個人都希望從投資當中找到人生新契機。

　　根據統計，2012 年至 2022 年薪資增加 5,000 元，但房
價卻漲了 300 萬元，想靠上班買房真的比登天還難，所以
必須斜槓學投資，才能為自己爭取到買房的機會。就在低頭
族整天滑手機、懶人族起床吃飯都嫌麻煩、電玩族整日沉迷
打遊戲闖關，有一群人正積極的磨練投資技術。其中有些人
雖然理解慢，卻仍然願意花比別人多出數倍的時間去努力學
習。一旦他們掌握了「長期持續收益方法」，在現今油電雙
漲、高飆房價、低收所得……到處通貨膨脹的景況下，一個
靠領薪水只能勉強餬口的上班族，和一個除了穩定薪水還靠
投資穩定進帳的上班族，試問：誰的未來更光明？誰會笑得
更開心？

愈想賺錢，愈容易賠錢

　　市場投資工具五花八門、琳瑯滿目，光是喊得出的就

有：定存、儲蓄險、基金、股票、ETF、期貨、債券、外匯、房地產、黃金⋯⋯該選哪一種理財工具？才能達成「財富自由」？

投資，是為了「財富自由」。事實上，絕大多數的投資客都是虧損的。容我說一句殘酷的事實：**投資市場 80% 是賠錢的，是「輸家」；20% 才是賺錢的，是「贏家」**。所有的投資工具都存在有一定的風險，投資有賺有賠，這很自然，不過，你是要當「贏家」，還是「輸家」？卻是可以選擇的。

買「基金」？太多人不知道基金潛藏的風險了。基金的種類太多，擔心理專建議不牢靠，好不容易選了幾檔看好的基金，存了幾個月卻發現不賺錢，為什麼？因為基金很容易被營運成本吃掉利潤。基金最大的問題是「隱性費用」，不同類型基金管理費率有所不同，基金團隊的固定成本、銀行手續費、市場的匯率價差變動，如果選到好基金衍生出一些利息，結果匯率一變動，又東扣西扣，結算後會發現，沒虧本已是萬幸，很少有什麼賺頭。

買「股票」？台灣的股票市場規模太小，非常容易受到本土主力與外資操控。外資一進入就操縱股價，外資一撤出股票又不動如山沒價差好賺。如何在幾千支股票中選到潛力

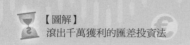

股？得費心研究，但看財報又擔心財報不實、新聞又內線交易層出不窮、還要懂基本面與技術分析……最重要的是，股票需要本金，沒有大量本金基本上也賺不到什麼錢。

我曾經是台灣投顧老師，利用資訊落差就能可以輕鬆獲利，我對於股票專業知識與消息資源比一般散戶還要更具優勢，但當我離開投顧圈沒有強大優勢後，我發現我也只是比一般散戶更專業一點的散戶而已，一樣被主力上沖下洗造成百萬的虧損。我深感受選對具備遊戲規則公平性的投資工具對散戶是成功獲利的第一步。

養生操盤，2 小時投資法

做「外匯」？**外匯是全球市場，既透明又公開，24 小時運轉不止息，貨幣變動與世界脈動息息相關的投資市場。**很多人對外匯躍躍欲試，因為當各國央行想要刺激經濟時，外匯價格波動劇烈就能賺到大錢。就投資工具來說，外匯的確提供了一個賺錢的好平台。**外匯市場是全世界最大，流動性最強的金融市場，大到無法操控，每天的外幣交易量超過 6 兆美元，超過了期貨和股票市場的總和。**以 100

美元少少的本金，就能參與全世界最大的金流投資市場，多麼好的機會！

但很多人卻抱持了錯誤的「一夜致富」心態，反而賺不到錢。外匯是大漲大跌都可以投資的，但一定要有精準的眼光與實際操作的經驗，且對國際情勢變化有判斷的能力。當然，一個成功的外匯投資者，光有技術操作、判斷決策的能力還不夠，最重要的，是要有「對的觀念」、「好的性格」與「正確的投資態度」，這也是本書想要帶給大家的：用正確的心態投資未來！

「外匯」有一種自由且有效的投資工具，不是期貨、債券，叫做「外匯保證金」，商品種類包含：黃金、外幣、原油，很值得想投資外匯的朋友深入了解。**我獨創「外匯保證金」養生操盤法，每天只要 2 小時，彈性投資、大賺小賠、穩穩入帳**，如何做到？這本書中都會詳盡介紹。

關於投資這件事，我想說：清楚自己為何而投資？選擇適合自己的投資工具，盡力學習取得最大化的投資效益，才是投資最終目的。

我期待這本書帶給讀者「贏家的信念」：把「投資」當作一種「生意」去經營，因為投資交易是買賣業的最高殿堂，利用外匯的官方版模擬帳號練習成為生意人的第一

步，找到做生意的祕訣也就是投資贏家致富的密碼，用正確
的投資態度，穩定獲利，累積財富。當賺錢成了投資源源不
斷的衍生贈品，相信你的人生也因此水漲船高，不但更快
樂，而且更豐富。

第 1 章

從負債千萬到滾利千萬

01 一晚賠掉 10 萬美元

　　投資這件事最要不得的心態就是「貪」。曾經一夜之間輸掉大半財產，那股沒錢的恐懼、想致富的渴望左右著我的投資心態，明明已經小賺卻不願放手，已經小賠卻不甘心出場，導致我在經歷三次破產之後，又在 2011 年 12 月 15 日那天，一晚賠掉 10 萬美元。

　　當時，黃金創新高 1,920 美元，全球瘋黃金，黃金的震盪起伏很大，但相對來說獲利也大，所以我選了黃金的項目來操作。沒想到，黃金竟然上演高台跳水戲碼，殺得我措手不及。

一根長黑直接「爆倉」

　　當時，買進的黃金價格在每盎司 1,565 美元，黃金看漲，所以做多[*]。黃金價格從 1,565 美元漲到 1,643 美元，那時我已經賺了大約 7 萬～ 8 萬美元，依照我當時的經驗與技術分析來評估當時連漲的行情，決定把結束目標設在 1,650 美元。1,643 美元距離目標就只差 7 美元，所以我滿堅持自己的判斷無誤，覺得應該有機會碰到 1,650 美元，但現在回頭來看，其實 1,643 美元就已出現漲不動的反轉訊號了，漲不動就只好跌，一路跌回 1,599 美元。當時我想應該還有機會回升，沒想到這次回升只到 1,615 美元，然後又開始往下跌。

　　跌到 1,593 美元時，我已經發覺事態不對，但那時在心態上過不去。從大賺 8 萬美元掉到 5 萬美元，這其中 3 萬美元的落差可是將近新台幣 100 萬元啊！一下子少賺這麼多我當然很捨不得，心情一下子就低落了起來。

　　因著這股不服氣，我又再加碼，而且在黃金價格 1,580

---

* 「做多」，簡單說，就是先買後賣。投資者判斷行情會上漲，買入金融商品
　後持有，等待上漲後賣出，賺取中間的價差。

美元時加碼了非常多，篤信走勢一定會再往上，但事與願違，盤面反而直落 1,565 美元，連之前賺的 5 萬美元都飛了，開始倒賠 3 萬美元。

本來賺 8 萬美元，後來只賺 5 萬美元，現在倒賠 3 萬美元，心情上根本難以平復，但我還沒學乖，竟然又繼續投入資金。走勢是持續看跌，都已經跌到最早 1,565 美元的進場成本，我依舊沒有出場。

後來跌破 1,565 美元，一根長黑貫穿 1,530 美元，整個「爆倉*」，光是那一晚，我就虧了超過 10 萬美元（約新台幣三百多萬元）！

300 萬學 3 教訓 1 結論

當天，我連想死的心都有了，很多負面想法不斷在腦海中浮現：「我怎麼錢都賠光了？怎麼賠了這麼多錢！」10 萬美元，辛苦三、四個月累積賺來的錢，一夜之間又全部回

---

* 「爆倉」，是指投資者的保證金帳戶款項不足，證券商強制平倉，平倉之後證券商會檢視餘款為正數或負數，若為負數，投資者須補足款項使其轉正，否則將面臨法律責任。

吐，我很懊悔，不知道為什麼又出現這樣一種「負循環」？
我曾歷經三次破產，遇過懸崖、低谷、死胡同……走過風風
雨雨，自認已掌握衝出谷底、突破自我、登上頂峰的賺錢祕
笈，怎麼這次又掉進黑暗裡？

　　我像是被拳擊手狠狠地重擊了一拳，連爬起來的氣力也
沒有。

　　凌晨一點多，看著正熟睡、才 4 歲大的孩子，為了平
撫心中的焦慮，我在深夜獨自出門，讓發熱的頭腦冷靜下
來。走在淒黑清冷的街道上，陌生的街景彷彿心情寫照，當
時我真的看不見未來該往何處去。

　　不過，也是在這個深切反省的時刻，我才幡然醒悟：
這一切都是「不甘心」惹的禍！明明趨勢已經轉變為下跌
趨勢，居然還在 1,600 美元做「第一次加碼」，以及 1,580
美元做「第一次攤平」[†]，當下以為自己有「技術分析」在支
撐，事後檢討才發現自己根本是被「情緒」牽著走。

　　因為不甘心，所以不願輕易放手：閃閃發亮的 8 萬美元
明明已在眼前，瞬間縮水成 5 萬美元，那種非賺回來不可

[†] 何謂「加碼」、「攤平」？賺錢時，繼續投入資金稱為「加碼」；反之，賠
　　錢時，繼續投入資金稱為「攤平」。

的心情，反倒讓我賠了 3 萬美元，不甘心賠錢又再攤平，結果最後慘賠 10 萬美元……現在回想起來，這就是「賭徒心態」！

這次投資失利帶給我最大的教訓，正是投資學中很重要的一門課題：**該停損，就該停損**。我深切地體悟：**第一時間的停損，成本永遠最低**。這是我從這場失敗的戰役中，得到的第一個教訓。

這句話應該會得到很多投資失敗者的共鳴，當他們回顧自己投資打平的那個當下，如果可以在第一時間做停損，就不會有後來的慘賠結果。但是，千金難買早知道，在那個要判斷出場還是加碼的當下，十分容易被蒙蔽，這也是我徹底檢討得出的第二個教訓：**別太相信自己的技術分析**。

我太過自信，以至於沒有看清局勢，其實黃金價還是有到我的假想目標 1,650 美元，不過卻是在我 1,530 美元爆倉的兩週後，攀升到 1,650 美元，當時我已經出場，沒有錢再投入了。這件事讓我得出第三個教訓：**缺乏彈性**。

以技術分析來說，我還是看得很準的，但是時間點不對。我設定的目標在那裡，但時間點估算錯誤。投資不是一路火箭升空直達目的地，而是上上下下、起起伏伏，有時三個月，甚至半年才達到，但投資者心態永遠是急切的，等到

時機水到渠成，自己早已彈盡援絕。

很多時候都是大虧，甚至被斷頭之後，價格才漲上去。這次的慘痛經驗讓我賠了夫人又折兵，不但沒錢了、連身體也被壓垮。徹底檢討、記取教訓、在調理身體找回健康的過程中，我突然茅塞頓開，大徹大悟！

我從慘賠的噩夢中幡然醒悟，從此改變投資操作方式：以「當沖」[*]操作為主軸，以「2 小時」為一個時間單位。外匯投資是 24 小時的事，我研究出贏家格局，找出匯市獵金方程式：每天只要專心投入 2 小時，不但投資獲利，還能兼顧工作、家庭與健康。皇天不負苦心人，果然有失必有得！ 300 萬學費帶給我 3 個珍貴的人生教訓，以及 1 個投資學的寶貴結論。

當然，怎麼在這短短的「2 小時」中「抓住時機賺錢」，是投資最難的一個點，也是我寫這本書最大的一個目的。在我千錘百鍊出深山，力扛千鈞萬般險之後，我想幫助讀者學會「抓住轉折點」；幫助讀者透過勤奮學習與演練，扎實地賺到錢；更重要的是，幫助讀者養成正確的投資心態，不再被千變萬化的盤勢牽動情緒。

---

* 「當沖」，意思是當天完成買進與賣出的交易，賺取其中的價差，不會將股票留到下一個交易日。

經歷三次破產
學到的體悟

02

以前閱讀傑西·李佛摩（Jesse Livermore）的著作《股票作手回憶錄》（*Reminiscences of a Stock Operator*），讀到他破產那一段，我心裡想：「我一定不能破產！」但我還是破產了。

會破產只因為人性「鐵齒」，明明我知道不能凹單、不能攤平、不能在虧錢的部位繼續擴大持有……這些動作其實都已經犯了投資禁忌，但我卻天真的以為：搞不好自己很幸運，可能這次我扛得過，結果並沒有。

三次鐵齒，負債千萬

第一次破產是發生在 2004 年 5 月，我向來比較喜歡「做多」台指期，然後在那二天的時間，因為投資部位放太大，沒有停損，就直接斷頭出場，賠了大約 200 萬元。

第二次發生在 2006 年，看到台股已經站上季線，我就選擇「做多」台指期，站在賺錢風口當然一直加碼，加碼時起初還賺不少，大概賺了 300 萬元，但是回測季線時，我又接回多單，也就是兩、三天的時間，行情急下，本來以為還會有反彈會挑戰前高，結果直接三根直直落，第二次就把原本賺的 300 萬元吐掉，還又倒賠 50 萬元，共賠了 350 萬元。這兩次加起來就要賠掉 550 萬元了。

第三次破產時，是因為當時聽信投顧老師的建議，在台指期指數底部 6700 下單，那一年馬英九 520 總統任職時是最高點，一路從 9309 跌到 6700，感覺已經打出一個底型，我是本來已經賺了一些錢，但是在一個低處做了一筆 20 口 [*] 大台指期的大單，就在這個地方，一樣只有三天的時間，直

---

[*] 期貨以「口」為單位，一口台指期的期貨合約價值，等同商品價值（台指期點數）乘以每點契約價值單位（200 元）。

接往下跳空大跌。這次虧損近 350 萬元，這三次慘賠就損
失了近千萬。

　　三次破產都是做期貨，我選擇做期貨，是因為速度快，
決策一做下去，結果立見分曉。期貨的遊戲規則與股票不
大一樣，期貨可以「做多」，也可以「做空」[*]，但是三次破
產之後，我就不再做期貨了，也不敢再「留倉」[†]了，完全以
「當沖」為主。

　　每次破產都有不同的學分要修，每次破產都是一門我要
學習的功課。就一個小散戶來說，大家經歷過的其實我都痛
過，可以說我堪稱是散戶最佳代表。**散戶最大的錯誤其實是
觀念錯誤，以及在操作上面缺乏靈活彈性。**其實，發現錯的
時候就砍掉重練，萬一砍錯了直接再接回就好了。我之所以
會犯錯，就是鐵齒還死凹單。現在我學乖了，交易超過上
萬筆單子，持倉平均時間只有 2 個小時左右，只做當沖不
留倉。

---

* 「做空」，簡單說，就是先賣後買。「做空」與「做多」相反，投資者預期
　行情會下跌，便將手中的籌碼賣出，待價格下跌之後再買入，賺取中間的價
　差。
† 「留倉」，意思是指持有部位一直到下一個交易日。

投資，其實是管理自己的貪婪與恐懼

我為什麼要做投資？我做投資的時候，當然很清楚是：想要賺錢、想要增加收入、想要讓自己的生活更好、擁有更多的選擇權⋯⋯這些都沒有錯，但如果再深入一點去看，投資真正的本質，是要滿足人性的需求。

美國社會心理學家馬斯洛（Abraham Maslow）提出「需求層次理論」（Maslow's hierarchy of needs）：

1. **生理需求**：如食物、水等一個人最基本的生理需求。
2. **安全需求**：房子、衣服、車子、財產等可以讓人感到安全的需求。
3. **社會需求**：親情、愛情、友誼等需求，可以說是愛與歸屬感的需求。
4. **自尊需求**：權力、聲譽、地位、尊敬，對自己有自信、滿意認同的需求。
5. **自我實現需求**：發揮潛能、自我成長、自我實現，對自我潛能的充分發揮的需求。

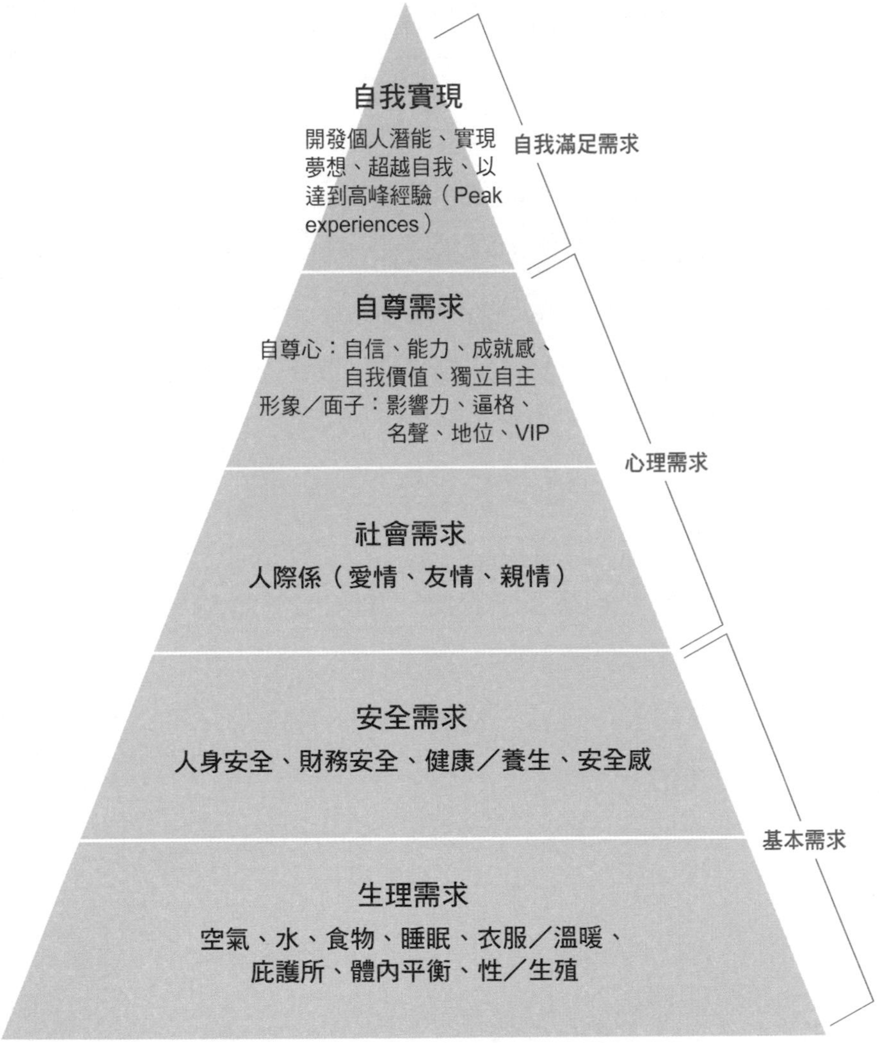

圖表 1-1　馬斯洛的需求層次理論金字塔

自我實現
開發個人潛能、實現
夢想、超越自我、以
達到高峰經驗（Peak
experiences）

自我滿足需求

自尊需求
自尊心：自信、能力、成就感、
自我價值、獨立自主
形象／面子：影響力、逼格、
名聲、地位、VIP

社會需求
人際係（愛情、友情、親情）

心理需求

安全需求
人身安全、財務安全、健康／養生、安全感

生理需求
空氣、水、食物、睡眠、衣服／溫暖、
庇護所、體內平衡、性／生殖

基本需求

　　我之所以投資，當然含括基本需求以及最終的自我實現
需求。但是 2008 年，我經歷了三次破產，而第三次破產的
結果是：我把之前投資所賺得的錢大約 250 萬元又輸了回
去，最後還虧空大約 100 萬元，只能閉關、反省、認真工
作，賺錢還債。

　　第三次破產後，也只能被迫離開投資市場，我先找個工
作安定下來，陸續賺錢、還債。那時我跟自己約定，這段時
間完全斷卻與股市的連結，不再看盤、不再關心任何金融走
勢、報價。這段時間是淨化的時間，如果我還繼續看盤，會
覺得自己看得懂卻沒有錢投資，生活只會充滿怨嘆。

　　三次破產，回頭檢視時，我發現了投資的奧義：「投
資，其實是管理我們自己的貪婪與恐懼。」

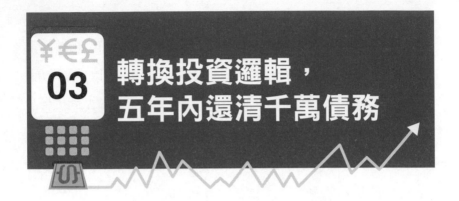

我開始在夜市擺攤賣飲水機，回想破產的原因是什麼？為何自己不想離開投資市場，卻一次次的把自己推向破產狀態？我期望時間自由、有財富所以進入投資市場，卻又因為破產、負債而上班，這裡面一定有什麼盲點我沒有看到，因而不斷出現障礙。

輸家憑「賭」，贏家會「算」

這段時間我只想這幾件事：錯在哪裡？如何改正？怎樣

重新開始？

透過不斷和自己溝通，我發現自己三次破產的共通性都是「賭」，賭市場的走向、賭不用停損、賭可以繼續放大部位。原來贏家和輸家之別就是：**輸家憑「賭」，贏家會「算」**。

我當時的投資情形就像是買樂透，賭我會中、希望會中、賭虧損不會發生，但是一旦賭錯、全盤皆錯！這種「賭」的心態，只讓我看到自己最想要的那一種結果，而忽視其他應該有的考量。「算」就不一樣了，算是把各種結果預設出來，清楚掌握發生的概率。賭和算，就是贏家和輸家的不同視角。

我的第一次破產，主要核心原因是「沒有停損」；第二次破產，不但沒有停損，還放大資金部位，導致資金管理出了問題。當時我已經收到了券商的追繳令，但還借錢補錢繼續賭，賭期貨能夠回到原先的價位，結果一敗塗地；第三次破產的狀況和第二次很雷同，好在我設了停損點，而且縮小資金規模，但還是犯了賭的心態，賭期貨價位能回升，一再的賭，當然一再失敗。

有一年左右的時間，我都在夜市賣飲水機，還做許多不同的工作，花費 5 年時間還掉了大部分的債，債還得差不多

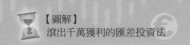

的時候我覺得應該重新開始回到投資市場。

投資交易是人生的縮影，也是買賣業的最高殿堂

有人問我：「你破產這麼多次，為什麼還要待在投資業繼續投資？」我很直接回答：「我離不開啊！」我認為每個人都應該學習投資技術，因為投資這件事情，不受年齡限制，也不受環境、時空、背景、條件限制，只要你願意學習投資技能，就像老中醫一樣，愈老愈值錢。投資絕對是腦力活、決策活，不是勞力活。

有人說投資風險高，其實開店風險更高。仔細精算，一家實體店面的前期投入，要付租屋的押金、裝潢，等到實際運作之後，固定成本支出，包括：租金、水電、人事，相較於投資，不用付有形的軟硬體設備，只要直接就商品的波動掌握規律買進賣出賺價差，哪一個風險高？

以小籠包店為例，要先有小籠包的技術、原物料採購、製作出小籠包，然後開店、租金、押金、裝潢、人事支出、固定成本支出……一大堆成本都花出去了之後，等客人上門買走小籠包，這家店才真正開始有一點收益，如果小籠

包滯銷賣不出去，就是虧本。所以，開店才是一種相對風險比較高的事業。

找出「贏家視角」

再度進入投資市場，該怎麼開始呢？

首先，我轉換投資邏輯，找出贏家視角：「95％不僥倖加上 5％技術面」。95％的不僥倖，講的是算牌。從全球政治與經濟的大格局、各國央行政策大趨勢，資金流向、市場氛圍到技術面等全方位的分析利弊得失所得到的多空劇本，沒有個人喜好與情緒，只有事實。5％的技術面，講的是專注在小格局的技術面琢磨多空訊號，這兩者相加相乘，才能創造百分之百的「贏」。

我投入大量的精力和時間做分析、考證、研究……直到確認，能做足功課就是不僥倖，做好了不僥倖，就掌握了95％的成功機會。95％的「知彼」再加上 5％的「知己」，所謂「機會是留給準備好的人」，不僥倖已經過濾了 95％的成功機會，剩下的 5％就靠自己的覺知與成長。要當贏家，就必須讓自己隨時處於準備好的狀態。

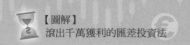

找到「對的投資工具」

　　另外，我發現 3 次破產都是因為玩期貨讓我慘輸，於是我發現「期貨」的遊戲規則並不利於散戶，那時有人推薦我去了解「外匯」，我去看了一下這個商品，發現它跟股票的思維邏輯很不一樣，當中的好處很多，於是就開始去深入研究並且嘗試去做「外匯」。

　　我做了一個「股票」、「期貨」、「外匯」比較表（見圖表 1-2），終於我找到了一個符合小資金投資者的遊戲規則：「外匯保證金」，這是一個對小資金投資者有利的投資工具。後來，我就轉向專注做這個，慢慢把自己調整至原有的財富地位。

　　外匯最大的好處是有官方版 *** 的「模擬帳戶」，你不用拿任何資金出來，卻可以跟實際投資一樣，在當前最真實的金融走勢裡模擬投資，用自己的想法及學到的技巧，測試看看自己到底能不能賺錢。**這是目前台灣的投資工具包括：股票、期貨都沒有的優勢，對散戶投資者來說，非常實用又極其重要。

---

* 目前提供外匯交易模擬帳戶的期貨公司有三家：元大、群益、富邦。

　　外匯在台灣還算是一個萌芽期，不像日本這樣發達，日本可以稱得上是全球最大的零售外匯市場。日本的個人散戶投資者十分活躍。日本在 1998 年修改了外匯法，允許散戶自由交易外匯，光是 2003 年上半年，日本散戶投資者就買下了將近 2.7 萬億日元的外國債券，很難相信這個人口還不到 1.3 億的國家，就占據了全球至少 3 成以上的零售外匯交易量。

　　更不可思議的是，在這些散戶投資者中，家庭主婦居多，她們被統稱為「渡邊太太」，因為「渡邊」是日本常見的姓氏，很多日本家庭主婦利用借入日元的方式，買進其他高息的外匯貨幣賺取利差。有一次媒體報導日本家庭主婦逃漏稅，沒有申報外匯賺取的 4 億日元利潤，讓人驚嘆日本家庭主婦購買外匯的實力。

「盈虧數字」反映「決策品質」

　　沒有經過訓練的散戶做投資時總會這樣想：要賺多少錢？要投入多少本金？投資報酬率應該多少？這種思維邏輯很容易掉入投資陷阱，因為本金一旦投入，萬一突然出現數

	股票	期貨	外匯
本質	股票是公司發行的股份憑證	期貨是可到期交割的物證	外匯指的是貨幣，交易盤中是貨幣對
區域性	股票是區域性的市場，不同區域有不同的市場規則	期貨是區域性的市場，不同區域有不同的市場規則	外匯是全球性的市場，由於其全球化的特點，大家都遵循統一的標準
交易時間	股市有規定的交易時間	期貨開盤時間等同於股市，但期貨有夜盤	外匯是 24 小時，沒有確定的開盤與收盤時間
交易槓桿	無	有	有
交易成本	投資人必須額外負擔券商手續費與交易稅	投資人必須額外負擔券商手續費與交易稅	外匯交易不收取佣金或手續費，只設定點差作為交易成本
交易方向	可以「買多」，也可以「賣空」，兩個方向（既看漲也看跌）。政府鼓勵買多，在崩盤時會限制賣空	可以「買多」，也可以「賣空」，兩個方向（既看漲也看跌）	可以「買多」，也可以「賣空」，兩個方向（既看漲也看跌）

（接下頁）

成交方式	盤前、盤後採用集合競價，集中撮合的方式來完成交易。盤中採用逐筆成交，投資人下單後，立即進行撮合，只要委買、委賣價格符合條件就成交，因此會一次產生多個成交價格	開盤時，係採集合競價方式。開盤後，採逐筆撮合方式直至收盤	外匯市場沒有集合競價和電腦集中撮合的規矩，外匯市場所有的買家和賣家完全是開放的，體現了絕對的自由，買家可以自由地詢價，賣家可以自由地報價，雙方完全是在自願的情況下進行交易
成交的品質與速度	市場容易受操控	期貨市場的每筆交易都有不同的成交日、不同的價格或是不同的合約內容，成交較慢	外匯交易商提供了穩定的報價和即時的成交，即使是在市場狀況最繁忙的時候，依然是以即時市場報價成交
風險	地雷股有可能下市	冷門商品會有流動性不足的風險	貨幣只有升貶值，不會下市
主要參與者	股市主要的參與者包括： 國家、外資、投信、自營商、避險基金、銀行、散戶	外資、投信、自營商、避險基金、散戶	外匯市場的參與者主要包括： 各國的中央銀行、外匯銀行、外匯經紀商、外匯市場客戶

圖表 1-2 「股票」、「期貨」、「外匯」比較表[*]

---

[*] 「股票」、「期貨」、「外匯」三者息息相關、一脈相通，共通性來說，市場的波動始終會回歸價值的本身，然三者的屬性不同，交易規則也不同。

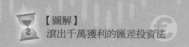
十萬元的虧損,很容易參雜情緒因素,是很難控制自己去做損益平衡的。

我進入投資市場十多年,為了是要賺取穩定的收入,但是當身上有點積蓄時,又因為投資把累積的財富全部吐了回去。我之所以會破產那麼多次,就是因為我認為別人的故事不會成為自己的故事,所以在這裡要奉勸讀者一句話:「聰明的人,會把別人的經驗當自己的經驗。」

工作存錢進投資市場、投資賠錢又回去工作,賺錢賠錢、又賺錢又賠錢,這數字背後的意義是什麼?

每一個「盈虧數字」其實都實際反映我們當下的「決策品質」。「投資,其實是管理我們自己的貪婪與恐懼。」這是我投資賠錢這麼多次所得到的一個重要結論。

2008 年 3 次破產,將近 5 年時間沉潛閉關、工作還債,2014 年開始重新練習贏家格局,縮小投資本金,最後不但還清所有負債包括:欠券商的錢、向朋友借的錢、房貸……還從兩百多萬元的本金慢慢滾出上千萬的收入。

回到職場，我就拚命賺錢、存錢、還錢，在夜市賣飲水機賣了一年左右，賺了大約兩百多萬元，把第二次虧空的100 萬元還掉了後，還有一點存款，就決定重新進入投資市場，同時，我也去當投顧老師。

當我又回到期貨市場後，某天我做台指期被上沖下洗，大賠五萬多元，當晚我無意間看到第四台九十多台的投顧頻道，有位投顧老師說他今天台指期大賺四百多點，等於一口賺八萬多元，我被震驚到了，我想：「我既然打不過你，不如我加入你。」於是，我登入 104 人力銀行找投顧的職

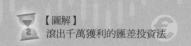
位，也順利應徵錄取，從基層業務員開始學習做起。短短六個月，我就成為頂尖業務員，並學習如何成為頂尖的投顧老師。

當時國內投顧業十多家，投顧老師主要是透過電視或廣播頻道招收會員。投顧老師淘汰率很高，不是你有財經背景學經歷就適合，不紅的投顧老師引一通 call-in 電話比登天還難，但是明星級的投顧老師一個月的收入可以破千萬。我從不懂這一行到看到通透抓到訣竅，6 個月就做到超級業務，然後當上投顧老師。我在投顧公司是屬於當紅炸子雞，每次在媒體上一講完就有很多 call-in，電話被打到爆線，那時一個月可以收超過兩百多萬元的業績。

創立投資學院，傳授贏家格局

既然投顧老師這麼好賺，為什麼不繼續？如果大家跟我一樣，從小白開始，學生時期就開始輔修商學院課程、接觸投資，讀一堆財經書、在網路上到處查資料、跟朋友討論、在錯誤中學習投資，有許多慘賠經驗，就能理解為何我沒有繼續再當投顧老師。

　　股票市場怎麼會有穩賺不賠的事呢？投顧老師主要的賺錢之道，是透過各種包裝吸引投資人上門，所以演說中難免誇大其辭，並且參雜表演。但是有太多人把投顧老師當成報明牌的神明，深信投顧老師報的股票一定會讓自己暴賺；也有些別有用心的投顧老師，會受邀置入行銷，鎖定一些特定股票，或是股本小，成交量不大的特殊股票，號召會員鎖定籌碼，投顧老師的確有助漲力道，股價幾乎天天漲停，很多人就趕緊入會想更早獲得明牌好賺更多的錢，但這都是幫主力出貨、坑殺散戶的伎倆，一味聽信別人的話卻不分辨、不做判斷，當你上車的那一刻就是主力下車把貨出給你，所以才會有種感覺，怎麼每次買在最高點、一買就套牢的困惑。

　　我看過許多天真的韭菜，深信投顧老師的話，以為自己搭上明牌列車，本來要好好賺一波，最後卻慘被「割韭菜」。後來，我創立「金牌獵人投資學院」，大概也與此有關。每個散戶投入股市不就希望能夠賺錢嗎？但是任何投資都是有風險的，如果能夠好好學習投資技術，就不會輕易相信不實話術、不容易被蒙騙。

　　我在投資市場中研發出了贏家格局技術，以自身的成功經驗告訴大家我是怎麼辦到的，只要肯努力、肯學習就有機會翻身，一些知道的顧客請我教他們，最初是一個一個

教，但這樣有點費時，之後就開班開課，一直演化成現在的
投資學院。

輸家有循環、贏家有模式

我花了相當長的時間找解答：為什麼有人在投資世界裡
是贏家？有人卻難逃輸家的命運？皇天不負苦心人，終於讓
我發現「**輸家有循環、贏家有模式**」。

人家說，「理財先理心」，一點都沒有錯。「心態」
是一個很重要的關鍵。**投資心態往往決定你是輸家還是贏
家**。比如：窮人為什麼會窮？看看所有形容窮人的詞彙：飢
寒交迫、貧病交加、身無分文、窮困潦倒……窮人吃的東西
比較不衛生、不健康，於是容易生病，一生病就要花錢，已
經身無分文還要花錢看病，所以就向人借錢，最後掉入一個
無止境的黑洞，好像一輩子爬不出黑洞，看不到陽光，窮人
一直處在負循環的狀態，輸家跟窮人其實是同一種頻率。

贏家格局的兩大法則

贏家格局，是一種遠眺、開闊的視野，與輸家、窮人的頻率完全截然不同：

贏家格局第一則：「贏家先看風險，輸家先看獲利」

窮人是有東西吃就好、好吃就好，不管衛不衛生、健不健康，所以窮人注定生病、成為輸家；贏家則是注重健康而不注重東西好不好吃。你是風險愛好者，還是風險厭惡者？如果能夠先看風險，那麼虧損是相對有限的；如果只看獲利，那麼虧損可能是無止境的！贏家永遠重視風險，就好像帶兵出征，會有許多備戰方案，沙盤推演，萬一遇到伏兵或後勤斷糧等什麼突發狀況，確保仍然保有活路。

贏家格局第二則：「先控制住風險再追求最大獲利」

賺錢是有公式的，重視風險，永遠把可能的風險放在前面，能夠控制風險了之後，再追求可能的最大利潤。

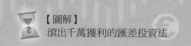
金牌獵人獲利方程式的六步驟

　　因此，我研創出一套「金牌獵人獲利方程式」（見圖表
1-3）：

步驟一：等待

　　要贏得一個好的投資交易，你需要等待。贏家擅長等
待，不會自亂陣腳。有人一聽到黑馬股趕緊跳進股海購
買，短時間就要從股價波動中脫出獲利，其實這種操作收益
是有限的，大家都知道潛力股需要長期加碼投資，耐心等
待才能賺得多。外匯市場又不一樣了，24 小時隨時可以看
盤，沒有適合的機會時，就回歸生活做該做的事情。設定好
商品三宮格監控畫面，確認關鍵位，等待時機一來，一眼判
斷獵物。

步驟二：發現獵物

　　當出現獵物時，就坐下來專心搜尋，並耐心等待進場賺
錢的機會。以 2 小時為一個單位，若沒有，就離開。華爾街
有句名言：「失敗起因於資本不足和智慧不足。」這句話說
的是獲利關鍵：資金和技術。養蜂的人要懂蜂、務農的人要

會看天氣、投資者當然要掌握市場資金走向，掌握資金流動方向，就等於掌握了外匯市場，就可以發現獵物。

步驟三：瞄準

看到接近「兩個關鍵位」的時候，就表示「獵物」出現，發現獵物之後，就瞄準，怎麼瞄準？當價格接近兩個關鍵位時，要先設計好做對與做錯兩套劇本，採用先逆後順的交易策略。這個就是「瞄準」，這時要注意瞄準的訊號。詳細內容請見第 3 章。

步驟四：開槍

瞄準的訊號一出現，當價格接近兩個關鍵位時，搭配反轉 K 出現降旗／收腳訊號採取先逆後順的交易策略，停損守前高／前低即可。開槍的時間很重要，在出現降旗／收腳訊號的時候，瞄準開槍就能全中。詳細內容請見第 3 章。

步驟五：命中

一旦命中，簡單事情重複做：發現→瞄準→開槍→命中，就能輕鬆累積獲利。

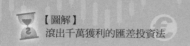

步驟六：收錢

能夠學會這樣一套獲利模式，就能提早退休，追尋自己的夢想，過自己想要的日子。

我知道許多人都希望投資獲利，但可惜缺少方法；有些朋友說想要投資，但覺得存摺裡的錢太少，擔心一旦投進市場像冰淇淋一樣快的融化，所以不敢嘗試。的確，在股票市場中，普遍的現象是輸家比贏家多，所以總是富翁少、窮人多。但是如果你敞開心接受我的贏家格局思維，即使是上班族也能輕鬆進入外匯市場交易，為自己贏得第二份收入，提早實現財富自由。

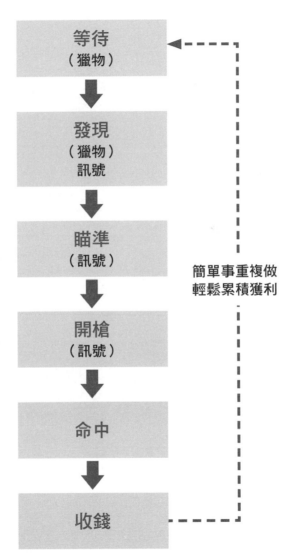

圖表 1-3　金牌獵人獲利方程式六大步驟

第 2 章

從制高點正確觀察戰局

**05　投資的真諦：
控管風險、賺多賠少**

　　我所教給大家的是，每次花 2 個小時的時間，完全專注在交易上，快速思考、快錢慢賺、順其自然的賺。其實好的投資就是一種「順其自然」的投資，所有投資的條件俱足，賺錢就會賺得很開心、一點都不費力，過程會輕鬆寫意，投資獲利祕訣就是要耐心尋找這樣的交易機會。

　　所謂的「順其自然」就是「天時、地利、人和」。以外匯來說，「天時」指的是中央銀行，該國的央行，如果做歐元或美元，歐洲央行或美聯儲，這些官員的會議紀錄、談話走向、利率政策、升息或降息，都算「天時」。「地利」好

比技術線型有沒有來到關鍵位置；「人和」就是自己當下的心理狀態、投資技術、對風險與獲利的評估。

以股票來說，好比說大環境出現了特斯拉（TESLA）的老闆馬斯克（Elon Musk）要去拜訪中國，這是「天時」；「地利」就是投資標的本身的題材，馬斯克這次去一定帶著特斯拉未來的目標與相關利多，這會引起媒體注意，引發特斯拉相關概念股的報導，這些都是熱點話題，一旦被炒作吹捧，股價就會動。

想要快速掌握全球經濟脈動？可以從「金十數據網站」（www.jin10.com）免費取得，這是華人圈裡最快的金融新聞資訊網站，整合全球所有的政治、經濟、金融數據，同步接收全球各大金融新聞資訊並快速翻譯出來。

避開投資的五大迷思

任何投資高手號稱在投資市場裡「百戰百勝、無役不勝」，那絕對是謊言！投資行為本身就有風險，只要風險存在，就絕對沒有只賺不賠的神話。投資有賺有賠，但是透過嚴格的風險管控，可以做到「贏多輸少」、「賺多賠少」的

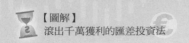
結果，這就是投資的真諦，投資要避開五大迷思：

玩玩試試的心態，有後路，不是非成功不可

很多人喜歡「以小博大」帶給自己的快感，尤其「外匯交易保證金」入門檻很低，只要 100 美元就可以操作，還可以利用槓桿做 30 倍的操作，就覺得要大顯身手一番，用玩玩試試的心態，沒有風險意識，覺得輸了沒有關係，反正還有正常工作，外匯只是試試心態，不是非成功不可，這次輸了，下次再賺回來，就扳回了，這種自以為做多做空都是 50％賺賠的機率，是完全偏差的觀念。

一種是玩玩心態，另一種是新手運氣。新手常常一買就賺，心想：「怎麼賺錢這麼快、這麼容易！」因此趾高氣揚，我遇到很多年輕朋友，沒有什麼儲蓄，一發現這麼好的投資機會，就想要大顯身手一試。不管是年輕人或上班族，如果本身是月光族，對自己每個月的薪資狀況及支出情形都弄不清楚，薪水所剩無幾，連記帳都不會就貸款來投資，這是很危險的。用借來的錢做投資，很容易下錯判斷，為什麼？因為交易心態一開始就不對了。這類型的人有輸不得的壓力，並會急著想要以小博大，想要一夜致富，或許憑著新手運氣一開始賺到了錢，但是很抱歉，幸運之神不

可能每次都降臨，當你發現錢完全留不住，才會明白這是因為心態不正確而種下的敗因。

沒有一套完整交易系統，東學西湊

大家可以問問周邊做投資的朋友，大概有八成以上的人投資方法都是毫無頭緒、沒有根據的。

談技術說不上來，沒有數據統計就盲目下單，對總體經濟面與基本面也是一問三不知，沒有數據回測、基本面或籌碼面的交易依據，也沒有大趨勢的判斷，這些人就算是獲利了，也只能歸功於運氣，無法長久；也有些人自認投資很簡單，可以無師自通，他們靠自我摸索，不願有系統學習，也不願付出投資前的學習成本，結果繞了許多彎路；還有些人隨便聽信外面五花八門的廣告，找錯系統，跟錯老師，被說服去借款投資最後搞到血本無歸還欠一堆貸款……這些都是因為沒有正確的理財投資觀念，才會犯下錯誤。

投資需要一套完整的交易系統，現在券商都提供了非常好用的工具，可以採取設定方法，幫助投資人找出買進或賣出的時機。但好的交易系統也要人懂得怎麼使用，這時就要搭配好的老師，好的老師會給正確、完整的投資理財觀念與技術系統，這樣獲利才能長長久久。

沒有比照創業態度的戰戰兢兢

創業者和投資者基本上有許多一樣的特質：創業者要懂得把握商機，投資者要把握對的進場與出場時機。好的創業者有三大特質：「抱最大希望」、「盡最大努力」、「做最壞打算」，這些好的觀念投資者也應該具備。創業一定會先有創業目標，一步一步達成，再進入下一階段，要達成這些目標之前，創業者會去思考該結集多少資源、資金與人脈，所以當創業者並不是一件輕鬆的事。如果投資人能以一個創業者的心態去進行投資事業，投資之路一定可以少掉許多坎坷（見圖表 2-1）。

我們之所以投資，有人是希望能盡早退休實現人生夢想、有人是希望多點時間陪家人、有人是因為健康亮紅燈不想再過上班族匆忙的生活……不管是哪種原因進入投資領域，事先都應該做好心理準備：投資如同各個領域一樣，投資是一門專業絕對不是一件輕鬆的事，過程應該是戰戰兢兢的。

投資期間要專心、發現契機，整合時局資訊，幫助自己找到不敗之地才能進行投資行為。簡單說，就是要事先洞悉經濟局勢、掌握技術成熟度、發覺可能的機會與危機，做好風險管理，事先防患於未然，否則可能很快就掛點。

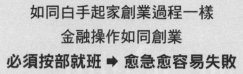

如同白手起家創業過程一樣
金融操作如同創業
必須按部就班 ➡ 愈急愈容易失敗
穩定才是高手，才能專職
時間、財務才能自由

圖表 2-1　金融操作如同創業

學了太多似是而非的投資觀念

很多人現在只看單一指標、等 K 棒[*]收（就是等 K 棒死掉不動的）、看單一週期……這些都是基礎的觀念。光憑 KD 指標[†]、RSI[‡]、MACD[§]下單的，都不大對。怎麼樣才對？要

---

[*]　「K 棒」（Candlestick chart），是一種用來記錄價格走勢的線圖。在投資領域中，K 棒是一切技術分析的基礎，用於股票、外匯、期貨、選擇權、債券、貴金屬等，都用 K 棒來記錄歷史價格，形狀與蠟燭相似，又可以稱為「蠟燭線」。

[†]　「KD」（Stochastic Oscillator），稱為「隨機指標」，是由 K 值跟 D 值所組成的兩條線圖，1957 年由證券分析師喬治・萊恩（George C. Lane）發現，他觀察到價格上漲時，當日收盤價總是朝向當日價格波動最高價接近；反之，當股價下跌時，當日收盤價總是朝向當日價格波動最低價接近，因此可以找出 K 值與 D 值，判斷價格的相對走勢與轉折點，預測價格趨勢何時逆轉。常聽到的「黃金交叉」、「死亡交叉」就是指 KD 指標。

[‡]　「RSI」（Raw Stochastic Value），表示「未成熟隨機值」，判斷價格的相對強弱。

[§]　「MACD」（Moving Average Convergence / Divergence），MACD 是長期與短期移動平均線收斂或發散的徵兆，用來確認中長期的走勢與力道，以便判斷買賣股票的時機與訊號。

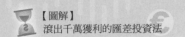

看「活的 K 棒」。

K 棒就是一位客戶，如果今天你開一家餐廳，客戶要吃排骨飯，只要提供排骨飯你就會賺錢（這是順勢）。你只剩牛肉麵，你就做不到生意；你若硬要客戶吃牛肉麵這就是逆勢，投資必定賠錢。

我們要明白，**投資市場是一個人心、意識集合的場域，你必須看出市場目前的變化和風向是什麼。**我教大家每天只挪出 2 小時的時間投資，短時間交易大家看什麼？主要看「**三宮格**」，也就是多週期 M1、M5、M15*，**透過多週期，等於你手中擁有多個倍數鏡頭**：有的鏡頭是看廣角、有的是看近距、有的是看微距；更如同路口的監視器用不同視角、用多個鏡頭去看到安全又有機會大賺的進場點。

設定投資的目標錯誤

很多人學習時囫圇吞棗，照單全收，沒有找出適合自己的投資方式，也沒有立即在學習後驗證自己所學。這就好像學開車考了駕照，卻不上路，這樣永遠不敢開車，也無法

---

* 「M1、M5、M15」是外匯中交易平台上的時間週期，交易者可以根據這些時間圖表來更準確的進行交易。M1 表示 1 分鐘線圖；M5 是 5 分鐘線圖；M15 是 15 分鐘線圖。

掌握路況。外匯投資有模擬交易帳號，既然學習了外匯技術，就應該上去模擬操作，驗證自己的技術。

不要害怕外匯投資，不必做出完美的下單，只要做出「合理邏輯」的決定，很多人以為「賺錢是對的，賠錢是錯的」，其實「決策過程」才是重要的，這也是贏家思維，大家一定要記得一件事：**過程對，結果才會對，這是所謂的「程序正義」**，決策對了，小賠也就是賺了，因為原本有可能大賠。過程對結果才會對，如果過程錯，結果卻對了，那千萬不要高興太早，因為可能已經種下破產因子，發不發生只是遲早的事（見圖表 2-2）。

堅信自己的學習能夠逐步為自己帶來豐盛的收穫，不要設定錯誤的目標，外匯市場是波動，設定錯誤的投資目標，再有錢的人也可能一夜財富瞬間蒸發。

輸贏關鍵在過程
1. 不是賺錢就是對的！
不是賠錢就是錯的！
2. 過程比結果更重要！
➡ 過程對結果才會對！
➡ 過程錯、結果對→種下破產種子

程序
正義

圖表 2-2　贏家思維

好的投資人如頂尖運動員

好的投資人如同一位頂尖的運動員，成功的運動員或許靠運動基因好、機運好可以贏一次，但如果要穩坐常勝軍，就必須不停止的反覆練習，以此來造就自己卓越非凡。

同樣地，一位頂尖的投資人，也需要持之以恆，不斷的累積投資經驗與財富，研磨自己的專業技術，冷靜、穩定，不讓自己脫離風險管控的正軌。很多人的狀況是這樣，當習慣養成了，就開始輕怠、漫不經心、尋找新鮮、刺激，結果一瞬間的激情絢爛可能讓自己賠得一塌糊塗。

　　奇蹟不是突然的，平凡中才能創造奇蹟。就像刷牙，日復一日，誰會覺得刷牙有趣，但是你每天仔細刷牙、用牙線潔牙，讓牙齒保持潔淨、不蛀牙，結果別人 60 歲滿口爛牙、有牙周病，想要植牙還不行，需要先花一筆錢先把牙床治療好，牙床穩定了才能植牙，你 60 歲一口好牙，這就是個奇蹟！

　　在投資的路上，如果能夠擺脫這五個「錯誤認知」，就能和死纏爛打的虧錢說再見！投資需要自我精進、持之以恆，堅持正確的投資觀念，到了某個時間點，奇蹟就會發生！

快錢慢賺，建立獲利 SOP

　　我跟很多人一樣進入股票的初心都是：「輕鬆賺快錢」，我主張「快錢慢賺」，學會正確的投資觀念與態度，扎實賺慢錢（見圖表 2-3）。

進股票市場的初心：**輕鬆快速賺大錢？**
當買樂透或賭博想賺快錢，下場慘！
正確觀念態度：**先學會扎實賺慢錢 ➡ 快錢慢賺**
WHY?

圖表 2-3　投資的正確觀念

　　投資真正的目的當然是實現人生財務自由，完成人生的目標或夢想。但是要怎麼實現？必須「建立獲利 SOP」。如圖表 2-4 所示：

　　建立 SOP →專精一種商品→選對工具→穩定賺錢→財富累積→完成人生目標與夢想。

　　投資不是買樂透或賭博，想賺快錢的人下場通常很慘，不是掉進虛擬貨幣的陷阱，就是進入詐騙 LINE 群組，要賺快錢的人就是詐騙集團的鎖定者，一失足成千古恨。唯有穩定獲利才是投資高手，才能真正讓自己財務自由。

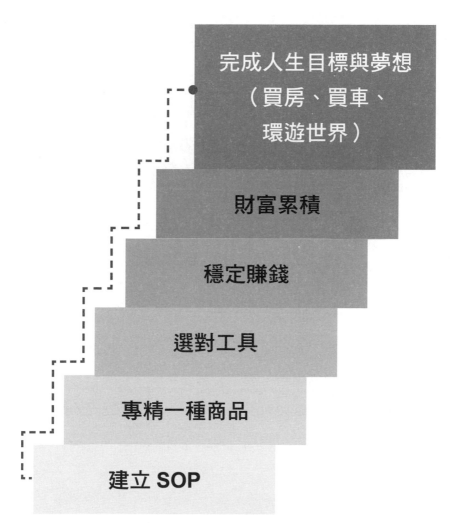

圖表 2-4　投資的真正目的

很多人的第一次投資經驗都是放在股市，我也不例外。股市很接近我們的生活，因為股票公司與我們的食衣住行相關，買股票其實就是擁有該公司的部分股權，就等於是該公司的股東和老闆，公司賺錢之後，每年就會配發股息。

股災暴跌，要恢復元氣至少 10 年

有人說不買賣股票，就沒有漲跌問題，只領股息也不

錯。但是如果碰到災難事件造成股票崩盤，不但股票市值下跌，股息也不確定。細數近 15 年來的全球性金融災難：2008 年金融海嘯、2010 年歐豬五國倒債、2014 年中國 TRF 風暴、2018 年中美貿易戰爭、2020 年新冠肺炎、2022 年烏俄戰爭，一直到 2023 年美國矽谷銀行倒閉、歐洲瑞士信貸無預警倒下……金融危機是否會再次引爆？有沒有人存股愈多心愈慌，一定有；有沒有人在股市虧到心灰意冷的？肯定有。

尤其今年又面對通膨頑固居高不下、經濟陷入嚴重衰退，如果股票再次脫軌大跌，這一跌可能又得再等 10 年、20 年、30 年或 50 年才能回到現有市值，人生有多少個 10 年可以等待？

有人說，只要選到好股就不用太擔心，但是台灣有超過 2000 家的上市公司，要怎麼選股？選股需要分析公司，研究產業、公司體質、看財報、掌握籌碼，還要分析產業競爭優勢與公司經營團隊……股票想要買到能夠安然度過全球災難事件的潛力股或績優股，需要投入不少的時間成本。

股票「跌停板」對散戶十分不利

　　很多實際操作股票的投資者難免有個共同心聲：怎麼買後股票價格就跌，賣後就漲？大多散戶或多或少都會遇到自己莫名的被套，或是提早下車少賺一波行情的狀況，這是因為股票是一個容易被操控的市場，不像外匯市場大到無法被操控，外匯市場是各國的中央銀行都參與其中，完全不用擔心外匯價格會有內線交易或被主力操縱。

　　另外，股票「跌停板」[*]的設計，對散戶是極為不利的。我曾經買過一檔股票，從 24 元一下子 11 根跌停鎖死，要賣都賣不掉，這是十分不公平的遊戲規則。相反地，外匯就沒有漲跌停的限制。外匯交易的是貨幣，貨幣是一個國家的實力，做外匯不用分析公司，只要分析全球政治經濟。可以這麼說，看懂各國央行政策，就懂得怎麼操作外匯（見圖表 2-5）。

---

[*] 「漲停板」或「跌停板」，就是指股票當天漲或跌的幅度停止了。台股漲停幅度是前一日收盤價的 10％ 為限，也就是當股價漲到前一日收盤價格的 10％，就是當天的最高價；當天的最高價跌到前一日收盤價格往下 10％，就是當天的最低價。

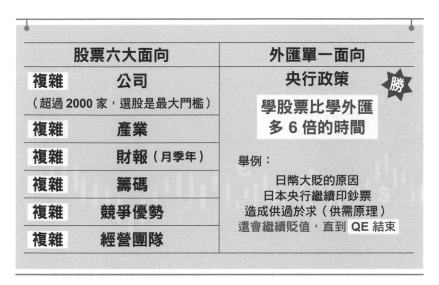

圖表 2-5　投入股票和外匯的時間成本

外匯對散戶有「最公平的遊戲規則」

　　外匯市場從來不缺崛起神話，以美國學者布魯斯‧柯夫納（Bruce Stanley Kovner）為例，他自哈佛大學畢業後在大學任教，後來想從政參加競選，無奈始終缺少經費，只好放棄改投入外匯市場。1978 年，從 1,000 美元開始投資，如今身價數億美元，每年平均收益翻一番。2020 年，他以 53 億美元財富位列《2020 富比士全球億萬

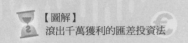
富豪榜》第 308 位。

如今，外匯市場交易逐漸旺盛，吸引不少人參與買賣，外匯已成為普通大眾的一種重要的投資工具，這是對散戶最公平的遊戲規則，也是我身為一個投顧老師捨棄股票專做外匯的原因。外匯究竟有何魅力？

投資外匯的四大優勢

低門檻、低風險

想投資外匯，只要 100 美元就可以開始交易。換句話說，你身上只要有新台幣 3,000 元（視匯率而定），就可以開始做外匯交易。

投資外匯的管道可以有以下兩種方式：

1.「銀行」：現在都是用網銀交易，下載銀行 APP 可以直接操作，根據銀行匯率賺取匯率價差。
2.「外匯保證金」：透過金管會許可的台灣合法外匯交易商，進行即期外匯交易，賺取換匯利益。只要將本金存入台灣合法外匯券商的「外匯保證金交易專

戶」，就可以隨時交易。「外匯保證金交易」的操作需要一個交易平台軟體「MT5」（Meta Trader 5）進行，台灣合法外匯券商協助投資人設置專屬於自己的投資帳號與密碼，投資人便可直接進行交易，跟用銀行 APP 股票買賣一樣簡單。

由於海外外匯交易平台不易受監管，黑平台詐騙頻傳，國外有很多眼花撩亂的外匯券商，釋出很優惠的利多招攬投資人，但其實很難去辨別哪些是合法的券商，為了避免求償無門，建議大家選擇台灣合法外匯交易商。台灣有幾家合法取得槓桿交易商牌照的優質外匯交易商，如：元大期貨、富邦期貨、群益期貨等，投資人的資金安全受到保護，投資也有保障。

24 小時不眠不休

外匯市場是全球市場，24 小時運行，但是週六、週日無法進行外匯交易，因為六日全球市場都休息。由於各地時間不同，外匯市場從各個營業所依序開始，澳洲雪梨→東京市場→歐洲市場→美國市場陸續開盤，週一至週五 120 小時都可進行交易，週六、週日除外。

外匯可以「模擬交易」

外匯市場是一個全球性的投資市場,交易規模十分龐大,「國際貨幣基金」統計過,每日全球外匯成交量超過 6 兆億美元,面對這樣龐大的國際金融投資市場,新手可能會卻步,不知道從何著手,所以外匯投資市場有個「模擬交易」,幫助投資新手以「零風險」的方式,體驗國際外匯金融交易的操盤。

「模擬交易」平台裡面有「虛擬資金」,也有著與真實帳戶一樣的所有功能和技術指標。初學者可以在真實市場條件下進行練習,先熟悉交易平台的各種功能,如何買?如何賣?如何平倉?如何看圖表?……等準備好了之後,再開始做真實的資金交易。

槓桿交易,以少額本金做倍數操作,並可雙向交易

外匯交易可以運用「交易槓桿」進行比本金幾倍大的交易,這種稱作「外匯保證金」。比如,存入 1 萬元的本金,原本只能進行 1 萬元額度的交易。但是若以 30 倍槓桿交易時,1 萬元本金則可進行 30 萬元額度的交易。像這樣以小額資金進行好幾倍額度的交易,這種機制稱作「交易槓桿」(見圖表 2-6)。而且,外匯是 24 小時不間斷的雙向交易,

不論市場漲跌都可以交易，「做多」、「做空」都可以（見圖表 2-7）。

　　能影響外匯市場的波動，主要是來自國際上各種政治、經濟因素，以及各種突發事件，匯價經常處於劇烈的波動之中，所以投資人幾乎每日都有獲利機會。綜觀這些原因，外匯顯然比股票更好賺。買股票踩到地雷股會下市，股票變壁紙，貨幣始終都有價值，只有升貶之別，不會失去價值。

　　有人會說：「外匯沒有股息。」這要看思考角度，外匯除了賺取貨幣價差，還可有「隔夜利息」*，不過外匯是國際局勢一點風吹草動就漲跌起落，睡一覺起來，誰知道世界又發生了什麼變動？我們不可能不眠不休 24 小時都盯著外匯市場，所以不鼓勵大家「留倉」，因為隔夜利息可能是正的，也可能是負的。

---

* 「隔夜利息」（Overnight Swap Point），是指在外匯交易中所涉及的兩個貨幣間的利率差異，也有人稱「過夜利息」、「掉期利率」或「外匯庫存費」。外匯交易是以貨幣對的形式進行，例如以美元 USD 買進歐元 EUR 的操作，代表使用美元來兌換等值的歐元（買進歐元的同時賣出美元）。在這個過程中，買進的是歐元，因此可以獲得歐元的利息，賣出的是美元，因此要支付美元的利息，兩者的利率差便是隔夜利息。因為外匯市場的波動關係，隔夜利息可能是正數的，也可能是負數的。

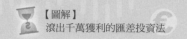
外匯經紀商與銀行的差異

假設小明預期未來美元會升值（上漲），想現在買１０萬美元

銀行：（註：若美元兌台幣為 30）
需要準備 300 萬台幣，才能去銀行兌換

外匯經紀商：（註：槓桿 30 倍）
300 萬 ÷30 倍槓桿 = 10 萬台幣
表示只要 10 萬台幣就可以兌換到 10 萬美元囉

槓桿

圖表 2-6　外匯保證金的「槓桿原理」

看漲：先買進（進場），以後賣掉（出場）
看跌：先賣出（進場），以後買回來（出場）

看漲（做多）

10 元買進（進場），以後漲到 60 賣掉出場（賺了 50 元）
不漲，反而跌到剩下 5，虧損 5 元

看跌（做空）

60 元賣出（進場），以後跌到 10 買回出場（賺了 50 元）
不跌，反而漲到 65，虧損 5 元

圖表 2-7　外匯保證金的「雙向交易」

07 搞懂價格波動
背後的因素

　　「外匯」是什麼？簡單來說，外匯是全球貨幣互相影響的一個經濟市場。什麼東西會影響貨幣價格？當然是經濟狀況，各國有各國的經濟狀況，各國的經濟狀況彼此又互相影響，自然形成了一個全球貨幣升貶的外匯市場。再進一步去看，什麼影響各國的經濟狀況？自然是各國的經濟產業結構，所以，我們可以知道：「經濟產業結構→影響經濟狀況→造成價格波動。」

不做沒事，亂做一定出事

　　有些人把「邊上班邊投資」弄錯了，一掛單就去開會，以為是為自己的財富加分，其實這是在財庫上開了一個洞，讓財富流出去。所謂的「邊上班邊投資」是說，上班時專心上班，投資時專心投資，拿上班的穩定收入挪出一定的比例做投資。

　　曾經有個外匯新手跟我說：「老師，投資好簡單。我昨天掛一張買單 EUR/USD（歐元／美元），剛買時顯示紅色 0.32，表示虧損 0.32，隨著時間拉長愈賠愈多，15 分鐘一看，賠到 2 了，賠了很多錢，我乾脆不看去睡個覺，結果睡一覺醒來，原本大賠突然大賺，紅色轉藍色，我驚喜地跳了起來，哇，太棒了，老師，外匯投資怎麼這麼簡單！」我想，完蛋了，他完全搞不清楚狀況，他剛嚐了一顆包著糖衣的毒藥。

外匯，是最敏感的投資市場

　　投資人絕對不要有錯誤的投資心態，外匯是所有投資市

場中最大也最敏感的，大到不管多雄厚的資本，一進入外匯市場都變成大海中的小滴，甚至可以忽略不計；敏感到一丁點聯準會的官員談話或一點風吹草動都可能引發「黑天鵝效應」[*]，可能造成全球外匯市場瞬間的大跌或大漲。

歷史上出現過幾次匯率的大變動，比如：二戰之後，各國經濟疲敝、物資缺乏、惡性通膨嚴重，都需要美援重建經濟，貨幣地位轉為美元走強；柏林牆倒塌與蘇聯解體，外匯也發生了翻天覆地的變化，因為極權體系的貨幣從牢籠中釋放出來；又如希臘破產、歐元應聲滑落……影響匯率變動的原因與重要性大小不一，大到天災、戰爭、經濟指數公布，小到會議紀錄、政治人物談話都可能影響匯市。

所以想要勝出，不專心是不行的。我都會要求學生每天只花 2 小時做外匯，這 2 小時就只專心外匯這件事。如果沒有掌握經濟變化、沒有對貨幣走勢有正確解讀的能力、沒有熟悉技術的操作與圖表分析，不可能在外匯投資中常勝。

匯率受影響，基本上還是有跡可循，如果出現下列幾種情況，匯率通常會改變：

---

[*] 「黑天鵝效應」（Black swan theory）是指預期之外的事情，發生前沒有任何前例可循，一旦發生，又產生重大的影響。表示極可能發生，實際上卻又發生的事件。

環境與政治

天災、戰爭、動亂或是政黨更替等因素,都會影響匯率的波動。尤其政經情況不穩定時,該國的幣值就會貶值。

經濟數據 GDP,物價指數 CPI、PPI、RPI

貨幣是一個國家的實力,一個國家或地區的經濟狀況和發展狀況,會影響到外匯的變動。如國民所得或就業情況改變,這時可以觀察「國內生產毛額」*,簡稱「GDP」,佐以失業率高低、進出口貿易數字的增減,來掌握匯率市場的波動。

注意所有關於物價指數的變化,如「消費者物價格指數」(CPI)、「生產者物價指數」(PPI)、「零售物價指數」(RPI)。這些指數常常會影響各國央行的升息或降息政策,進而影響到匯率的變化。

經濟數據是經濟狀況非常重要的指標,下一章會針對上述幾個重要指標,搭配總體經濟深入解說。

---

* 「國內生產毛額」(Gross domestic product),簡稱「GDP」是指在一定時期內,通常指一季或一年,一個區域的經濟活動中所生產出之全部最終成果的市場價值(market value),是國民經濟核算的核心指標,衡量一個國家或地區經濟狀況和發展水準。

利率改變

注意各國的中央銀行政策，如果該國升息，該國的貨幣就會升值，因為外國資金會流進該國爭取利息報酬，引起匯率變化。

以上是主要影響投資市場情緒的因素，對外匯投資人來說，是操作時很重要的基本依據。

拒作理財木頭人

一般投資人的想法很簡單：我只要能賺錢就可以了，幹嘛深入去了解這些，給我賺錢的捷徑就好了。所以很多小資族只懂「存股」、「買基金」，為什麼？因為很忙、沒時間學習，定期定額「買基金」、「存股領股息」最方便、最簡單。但是，金融風暴來的時候，「基金」定期存定期虧、「存股」買 35 元一下變 30 元，一張股票就掉 5,000 元，賺了利息卻賠了價差，想用利息補價差虧損，真的是遙遙無期……

上班族投資最常犯的錯誤就是缺乏「定期檢視投資標

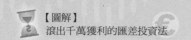

的」，想要用投資給自己額外加薪，就要了解景氣循環，掌
握投資時機、適時項目調整，懂得避開投資風險，有正確的
資產配置投資策略，千萬不要成為理財木頭人。

要做投資，一定要了解「總體經濟」，簡稱「總經」。總經是影響全球金融市場和經濟發展的核心。

了解總體經濟，才能預知趨勢

「總體經濟」就是全球各項的經濟活動，也是外匯市場的風向球，一般人認為總體經濟高深莫測，其實要掌握「總經」不難，我們只需要抓住一個東西，叫做「經濟指

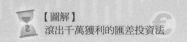
標」。

　　哪些經濟數據會影響匯率？我跟讀者推薦 6 大經濟指標，這 6 個經濟指標，是外匯投資人必須具備的基本能力，明確一點的說，當重要經濟指標發表前後 5 到 10 分鐘，不論股市、匯市，都會有明顯的變動，波動程度甚至會超過人們的想像。投資人可以藉由觀察「經濟指標」，了解資金動向、市場行情，預測甚或把握漲跌趨勢，幫助自己搶先賺、提前跑。

外匯投資人必學的六大經濟指標

非農就業人數：
反映出當前製造業和服務業的就業情況

　　美國非農就業人數（Non-Farm Payroll, NFP），顧名思義，就是「非農業」的就業人口數。為什麼要去掉農業就業人口數呢？因為農業在收成與不收成時節，要僱用的工人數字變化是很大的，所以要看一個國家的勞動力市場，得看「非農業」就業人口數。

　　這個數據是由美國勞工統計局（Bureau of Labor Statistics）出來的，可以反映出當前美國製造業和服務業的就業情況。美國勞工統計局會在每個月的第一個週五，東部時間上午 8:30 公布，也就是台灣每個月第一個週五晚上 8:30（美國冬令時間會晚一小時至晚上 9:30）。

　　NFP 指數是經濟成長的一個重要指標，對於預測經濟走勢和政府制定貨幣政策有重要意義。NFP 數據如果增加，代表企業生產增加、就業人數增加、失業率降低、經濟向上成長。但經濟如果成長過快，有可能會導致通貨膨脹，為了避通膨，美國政府可能會採取「升息」或縮減「量化寬鬆」[*]政策，來避免經濟過熱。

　　同理，NFP 數據如果表現不佳，代表企業生產減低、就業人數減少、失業率上升、經濟開始疲弱。這時就需要刺激經濟，美國政府就可能會採取「降息」或者「實行量化寬鬆」等貨幣政策來刺激經濟活動，促進經濟增長。

---

* 「量化寬鬆」（Quantitative easing，簡稱 QE）是由一國的貨幣管理機構（通常是中央銀行）通過印鈔票的手段公開市場操作，以提供市場充足資金，減低借貸成本，支持整個經濟體運作。

失業率:判斷一定時期內全部勞動人口的就業情況

美國就業報告中的另一個重要數據就是:「失業率」（Unemployment Rate）,這個數據也是由美國勞工部公布,公布「NFP」數據的同時,也會一同公布「失業率」數據。

透過「失業率」數據,可以判斷一定時期內全部勞動人口的就業情況。但是這個數據有些地方曖昧不清,比方說,失業率上升,也有可能是職缺太多造成的,這並不意味著經濟景氣不好,反而是經濟景氣復甦。所以單看「失業率」會有盲點,必須搭配「初領失業救濟金人數」（Unemployment Insurance Initial Claims）一起看。

「初領失業救濟金人數」也是由美國勞工部每週四20:30公布上個月數據,如果「失業率」、「初領失業救濟金人數」數據都下降,才可以預測市場經濟情況轉好。

「NFP」、「失業率」、「初領失業救濟金人數」三個最好一起看,這三個數據涵蓋了美國市場的就業率指標。

消費者物價指數:衡量民生物價波動的指標

美國的消費者物價指數（Consumer Price Index, CPI）,用來衡量民生物價波動的指標,一般會用來作為通貨膨脹率的評估,也就是一般所謂的「通膨指數」。

　　CPI 指數一旦超過 3％就意味著通貨膨脹，如果超過
5％就是嚴重的通貨膨脹了。這時美國政府會採取貨幣緊縮
政策或升息，讓物價、通貨膨脹率下降，因為升息，企業資
金成本會升高，造成經濟衰退，導致美國股價下跌：

- CPI 上升，貨幣政策會傾向緊縮或升息，資金流出，
  美元上漲、股價下跌。
- CPI 下滑，貨幣政策會傾向寬鬆或降息，資金流入，
  美元下跌、股價上漲。

零售銷售：衡量景氣變化的領先指數

　　「零售銷售」（Retail Sales）的數據是由美國商務部普
查局（U.S. Census Bureau）在每個月中（11 至 14 日左右）
公布的一個數據，這是一個衡量景氣變化的領先指數。

　　零售銷售額可以判斷美國整體的消費力道如何，當然，
零售銷售額會受到季節性影響，以美國為例，每年的第四季
遇到聖誕節、感恩節，10 至 12 月都是購物旺季，這時數據
需要排除，一般而言，「零售銷售」數據還是評估美國經濟
變化的關鍵指標之一。因為以美國這樣大的經濟體、國民所
得較高的國家，消費者支出通常會占國民經濟的 50％以上。

因此，「零售銷售」數據如果上升，代表國民的消費支出增加，表示經濟好轉，人民願意花錢消費。反之，「零售銷售」數據如果下降，表示消費市場冷清、景氣不好，股市表現也較差。

美國 ISM 製造業採購經理人指數：
領先指標，透露製造業訂單能見度

「美國供應管理協會」（the Institute for Supply Management, ISM），這個協會是全球最大、最權威的採購管理、供應管理、物流管理等領域的專業組織。

每個月協會針對製造業採購經理人進行問卷調查，根據 10 項指標，包括：新訂單、生產、僱傭指數、供應商交貨、存貨、客戶端存貨、價格、出口、未完成訂單、原物料輸入等，彙整成「美國採購經理人指數」（Purchasing Managements' Index, PMI）於每個月第一個營業日公布。

美國 ISM 製造業指數是市場非常重視的指標，不但意味美國本身狀況，同時也透露製造業訂單能見度，代表未來景氣好壞的指標。當 ISM 指數超過 50，表示整體經濟環境處於一種擴張的狀態；當 ISM 指數低於 50，表示整體經濟環境處於一種收縮的狀態，尤其接近 40，表示出現經濟蕭

條的跡象。

從股市來看，ISM 指數上漲，代表景氣復甦，投資人信心增強，股票市場也隨之上揚。當然，判斷總經不能只憑一個指標，如果 ISM 指數上漲，其他指標也不斷上揚，景氣一旦過熱，美聯儲就會以量化緊縮貨幣政策或升息利率來降低市場過熱的狀況，那麼 ISM 指數對股市可能就是一個利空現象。

從匯市來看，ISM 指數上漲，意味著投資風險降低，市場可能引導美元套利而走跌。

美國聯邦公開市場委員會：決定美國的貨幣政策

「美聯儲公開市場委員會」（The Federal Open Market Committee, FOMC），隸屬於「美國聯邦儲備局」（也稱美聯儲，簡稱 Fed），由 7 名理事和 5 名聯儲銀行行長組成，每六週開會一次，主要任務是決定美國的貨幣政策，決定加息、降息或維持利率不變。

FOMC 的決策是外匯市場最為關注的重點，從這個委員會流出的任何一丁點風吹草動，包括：會議紀錄、官員談話、記者會……都是國際新聞關注的焦點，因為可能對美元甚至整個金融市場帶來巨大的影響。

看新聞做外匯，賺錢是運氣好，賠錢是剛剛好

　　這些經濟指標從哪裡可以知道，在第 05 章節有提到，可以去「金十數據網站」（www.jin10.com）免費查看（見圖表 2-8），也可以下載 APP 到手機。通常我會獨立開一個螢幕方便隨時監控即時新聞與數據訊息，大家可以用手機或平板，操作時放在旁邊方便關注。看到這裡，大家可能會想：「太好了，只要注意全球趨勢就能賺到錢！」錯，大錯特錯！

資料來源：金十數據網站

圖表 2-8 「金十數據網站」可以查看經濟指標

　　金十數據的分頁「日曆」會將事件分級，比如圖表
2-9：「時間 20:30 美國 5 月未季調 CPI 年率」，這條新聞
有紅色的「五顆星」，各位要進場還是不要進場？「千萬不
要進場」因為在這裡進場「賺到錢是運氣好，賠錢叫做剛剛
好！」

圖表 2-9　從事件等級判斷要不要進場

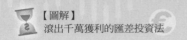

　　我在這裡要教大家「穩定賺錢」不是「風險賺錢」，所有頂尖的、專業的、華爾街的交易員都知道要避開這種時間的操作，因為這種時機進場叫做「賭」，大盤的震盪太大，你根本無法判斷從哪邊跑。

　　大家只需要做筆記，把重要時間點記下來，**只要是遇到四顆星以上的都避開，千萬不要進場參與，這是連華爾街私募基金的實習生都知道的守則。**因為有可能新聞發布後不久，又突然來個大黑根或大紅棒，把大家轉得暈頭轉向，這可能是在剛剛重要新聞發布後，又有某個重要官員出現談話，你可以印證金十數據新聞，它是目前華人世界速度最快的經濟資訊提供網站。

　　至於什麼時機點是對的？我會建議大家避開總經盤，只做技術盤。想要穩穩賺錢，就要盡量避免外力干擾，下面我整理出全球外匯時間熱區，我個人認為最好做、CP 值最高的是歐洲盤，15:00 ～ 17:00 或 17:00 ～ 19:00。當然如果你是上班族，可以著手美國盤，21:30 ～ 23:30 或凌晨 12:00 ～ 3:00，這些時段是熱區（見圖表 2-10）。

盤別	波動度 （難度）	熱區 夏令（冬令 +1）	優先關注商品
亞洲盤	低	06:00 ～ 08:00 09:00 ～ 11:00	澳、紐、日元
歐洲盤	中	15:00 ～ 17:00 17:00 ～ 19:00	德指、英指、 歐元、瑞郎、 英鎊、黃金、石油
美國盤	高	21:30 ～ 23:30 00:00 ～ 03:00	小道、納指、 美元指數、 黃金、石油

圖表 2-10　外匯時間熱區

5 顆星　全球第一大數據
美國非農業就業數據與失業率
每月第一週週五 20:30
關注商品：黃金、美元

時間	單型	動作
20:25-20:30	預掛單	不要做 看戲
20:25-20:30	市價單	不要做 看戲
21:30 之後	市價單	要做 安全有波動

圖表 2-11　操作美元外匯的進場時機

做美元外匯,以前一定是先看「非農數據」,新聞發布後大家都不要進場,在旁邊看戲就好,等到新聞過去後,再安全的進場(見圖表 2-11)。但「非農數據」以前是最重要的,現在局勢不一樣了,因為「通膨」出現了,現在最重要的經濟數據是看「通膨指數 CPI」。

全球經濟結構已發生巨大變化

自從 2018 年美國前總統川普(Donald John Trump)開始制裁中國,啟動了中美貿易戰,這個動作徹底改變了過去 20 年來全球經濟快速成長發展的基礎。

以前,全球經濟是仰賴地球村,美國是設計大腦,中國是生產工廠,在彼此分工有默契的合作下,產出了很多高品質、低價格,物美價廉的高科技產品,使得 2009 年 3 月至 2022 年 1 月,將近有 13 年之久的全球經濟大噴發,創造了有史以來市場經濟維持在長期的牛市,也就是多頭走勢。這個地球村的概念創造了全球經濟的快速成長。

為了抑制 2025 年中國崛起取代美國成為世界第一強國,川普先發制人,開打中美貿易戰,過去幾年來不斷升級

的科技戰，使得中美對抗關係愈加惡化。現在隱然出現一個以美國為核心的派系、一個以親中俄為核心的派系，形成了第二次新冷戰。過去，美國道瓊指數攀至 36,000 點，台股創下 18,619 點的盛世狀況，理論上不會再看到了。

很多人會很好奇，為何美股與台股還是維持在相對高點？主要原因是日本與中國持續實施量化寬鬆貨幣政策（簡稱印鈔票救經濟），全球仍有過多的熱錢到處流竄持續撐著股市維持高檔不墜。

另外，由於中國在疫情期間，實施強力風控政策，造成外資紛紛轉向印度、越南等國家，而台商資金也紛紛回流台股，造成新一波的資金行情，所以當台股的外資大賣時，台股居然沒有連續大跌，就是內資接手撐住台股，甚至還站上 16,000 點大關。

但 16,000 到 18,000 點是最大套牢區，在 2021 年台股最高日均量約 5,492 億元，但 2023 年至今的日均量約 2,100 億元，要消化大量套牢區的量，除了要出量，不然就是用時間長期橫盤化解賣壓。

所謂「不做沒事，亂做一定出事」，交易禁區 16,000 到 18,000 點是台股位於歷史高檔區，加上全球通膨已經超過 2 年，拖的時間愈長，未來全球經濟衰退風險愈大，所以

必須先將風險置於首位，保持靈活與彈性的投資策略，該跑就跑，該停損就停損，絕不戀棧（見圖表 2-12）。

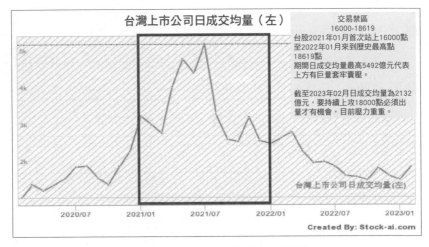

圖表 2-12 台股位於歷史高檔區

在這樣一個從「分工合作」到「競爭對抗」的框架之下，未來只有高成本、高物價、通貨膨脹，甚至再度出現金融危機……所以現在最重要的是看通膨數據，也就是 CPI。CPI 一看過高，美國聯準會就要升息，一公布升息 3 碼[*]，市場只預期升 2 碼，整個市場炸開了，美股匯市大跌。後來為何又出現反彈？因為市場又有聲音放出來，華爾街銀行像是高盛（Goldman Sachs）、摩根（Morgan Stanley）等投資

---

[*] 一碼等同於 0.25％，而台灣央行最小的升降單位則是半碼，也就是 0.125％。

銀行趕緊帶風向，因為升息成本太高，暗示這波升息只是暫時舒緩通膨，所以市場又漲回來。

金融市場運作的遊戲規則：不是技術，而是預期

　　市場漲漲跌跌，因為預期心理。預期，是金融市場中最重要的漲跌密碼。市場的「預期」才會造成大家一窩「瘋」。比如：航運股去年為何會創新百年來的新高？因為疫情一發生，所有的報紙、網路、電視、財經媒體都在報導缺人、港口塞爆、運價不斷飆升、囤貨缺船……航運股所營造出的一個市場預期，幾乎吸足了所有的目光和資金，除非還有比疫情更大的事情發生，否則航運股很難再創新高。

　　現在市場的氛圍在哪裡？聯準會的升息政策。比如：大家對聯準會的點陣圖預測只到 5％，結果一公布是 5.6％，高於市場預期，這時就要趕緊關注聯準會官員的態度是鷹派還是鴿派，「放鷹」表示積極、快強、狠，堅持要快速升息；「鴿派」表示溫和、慢柔、不激進，建議升息速度要放緩。官員一表態，股匯市又是一波震盪。

　　預期，是金融市場最重要的漲跌核心，技術只是配合演

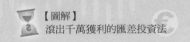

出。我建議大家避開總經盤,只做技術盤,不是說你學會技術就會賺錢,而是說技術只是拿到錢的方法,如果沒有搭配總經,技術只能拿到小錢。技術是為「總經」服務,而真正的市場趨勢是:**市場的預期氛圍**。

通膨時代來臨,高通膨長期化

現在美國消費者指數 CPI 最高已經來到 9.1％了,發生很嚴重的通膨。2008 年金融海嘯,美國 CPI 指數最高跑到了 5.5％,創下 39 年新高,當時 CPI 在 5％就已經是預警,物價不斷上漲,先是小銀行倒閉,之後是房貸銀行倒閉,因為大家付不出房子貸款,貸款銀行也賣不出房子,然後就是雷曼兄弟倒閉,金融海嘯一狂掃,股市一下子就崩盤(見圖表 2-13)。

截至 2023 年 6 月 20 日,美國利率已經來到 5.00％～5.25％,是 2008 年金融海嘯時的水準。當時,因為高利率讓美國民眾繳不出利息,而紛紛放棄房子讓銀行拍賣,造成金融海嘯。但今日卻與當時不同,因為疫情之後,旅遊、觀光、飯店等許多傳統產業恢復生機,接棒科技業裁員潮,

從美國失業率 3.4％創下 50 年來最低，就可以發現端倪，代表想找工作都能找到工作，有工作就能繳得起高利率的房貸，所以暫時還不會引發 2008 年金融海嘯般的效應。所以，高通膨還要持續，利率也將持續升息，直到通膨被真正降下來，但經濟也將步入衰退，這是必然的趨勢。

2008 年爆雷的順序

**北岩銀行 → 美國國家金融服務公司 →
印地麥克銀行 → 貝爾斯登 → 房利美 & 房地美 →
雷曼兄弟 → 美國國際集團 → 美林證券 →
HBOS 公司 → 華盛頓瓦惠公司**

圖表 2-13　2008 年，金融海嘯的順序

現在是通膨如果打不下來，全球就要陷入經濟衰退，所以聯準會只好在已升息的利率上不斷加碼再加碼，最後會加到多少才能壓下通膨我們不知道，但可以知道的是，我們的投資策略要不要改變？要不要提前做好全方位備戰？

當年雷曼兄弟垮台引發 2008 年金融海嘯，今年矽谷銀行倒閉，矽谷銀行還算是小銀行，但是瑞士信貸風暴有許多不知道的潛在危機，為什麼？瑞士信貸的規模是雷曼兄弟的

2 倍，瑞士央行鑑於 2008 年金融海嘯的教訓，立刻指示瑞士銀行 UBS 買下瑞士信貸成功拆彈。

美中決裂後全球經濟結構改變，生產結構改變、成本提高、物價提高、通貨膨脹……有沒有可能再出現世界性的金融風暴？全球有無可能陷入經濟衰退？

一旦陷入經濟衰退，所有產業無一倖免。以前大手大腳消費，現在精打細算消費，怕賺不到錢、不敢花錢，整個經濟不流通，通貨膨脹之後造成的通貨緊縮，是更可怕的。2023 年 5 月台股一萬六千多點，交易量只有兩千多億元，這是什麼概念？比較 2021 年一萬六千多點，交易量是五六千億元，這意味著：成交量縮水了。2007 年台股 9,859 點，成交量就達 4 千億元，現在是呈現一個交易量萎縮的狀態。

美好的經濟成長時代結束了，下一個好的投資標的在哪裡？有人問：「老師，買黃金是不是比較好？」請問：黃金能避險嗎？真正全球崩盤的時候，黃金跌不跌？告訴大家，黃金跑的比人還快。崩盤的時候，什麼最重要？當然是現金（現金準備好等待最佳時機進場）。面對全球局勢，不要問股市何時崩盤，問問自己：當崩盤來臨時，自己準備好了沒？投資不是搶短，而是看結構，懂得取捨，何時退場？何時進場？才叫投資。

第 3 章

贏家的獲利方程式

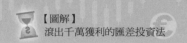

09 如何選券商與開戶

外匯交易需要「開戶」，就像證券要開證券戶一樣，外匯要開一個期貨戶，但是期貨本身有多種金融項目，如果要專做「外匯保證金」，要開一個「外匯保證金」專戶。想開個外匯專戶，隨便上 Google 一查，會跳出一大堆外匯平台，包括銀行的、海外券商的、英文網頁的……該怎麼選擇？

如何選擇安全的外匯平台

很多海外證券商、未上市、未公開、不能被檢驗、資歷

淺……出了問題，連公司在哪都不知道，哪還有客服？為了避免掉入不實質交割買賣所帶來的外匯陷阱，建議大家要選擇台灣合法經營、信賴度高的外匯券商，並且選用自己熟悉的語文介面操盤外匯。合法外匯商無論是對顧客資金保管、信託、嚴謹的內部控管，都比遠在天涯海角離島不知究竟在哪的海外匯商來得有保障。

選擇外匯平台時，幾個注意要點：

出金入金是否安全方便？

外匯交易涉及金錢，匯款取款安全方便與否十分重要，開設外匯專戶，「資金是否安全」是最重要的一項考量。**外匯券商有沒有受當地政府的法律約束？有沒有接受可信賴的金融監管機構審查？這是能不能開戶的重點。**

目前全球稱譽的金融監管機構有：NFA（美國國家期貨協會）、FCA（英國金融行為監管局）、FSA（日本金融廳）、ASIC（澳大利亞證券和投資委員會）、MAS（新加坡金融管理局）……但是現在網路詐騙太多了，很多黑心交易商會偽造牌照，不斷換著網站欺騙投資人，一般人很難發現或識別釣魚網站，所以即使這些監管局的 logo 一字排開，還是要深入去明察其所持有的監管牌照是真是假。

其次，公司是否有信譽？經營歷史多久？營業規模多大？是否是上市公司？……都該列入考慮範圍。一個正規的外匯經紀公司，都會有自己的官網，網站會有該公司的詳細信息，包括公司名稱、地址、許可認證字號，公開讓投資人查詢。

外匯經紀商競爭非常激烈，一定要謹慎選擇。有些黑心券商會先用槓桿倍數、或點差優惠做誘餌，等投資人匯入資金後，要求投資人必須具有一定基本交易量，或入金多久才能出金，這些都要注意。

是否支援 MT4 或 MT5 平台？交易的順暢度？

MT 是 MetaTrader 的縮寫，MT4 或 MT5 是指版本，這個軟體是由一家 B2B 軟體開發公司 MetaQuotes 研發，是目前提供外匯交易最重要、流通最大的交易平台，提供技術指標、圖形、友好介面……幫助投資人進行交易或管理帳戶。

其他交易平台，如：VT2、FX Trading Station 都小很多，流量開發技術都不如 MT4 或 MT5，使用流暢度不佳，開戶時也需要明確知道銀行期貨商或券商選用哪個平台合作。

MT5 平台的基礎教學，請見附錄。

交易貨幣的槓桿倍數、點差、隔夜利息？

　　許多人喜歡到海外開外匯帳戶，主要是被其「槓桿倍數」、點差優惠、隔夜利息優惠所吸引。尤其是選擇類似「開曼群島」這種避稅天堂的離岸島國，因為沒有什麼外匯管制，監管也不嚴格，還可以免稅……乍看之下好處多多，實際上：受監管的券商因為受到法律約束，有一定程度的透明度，這也確保了客戶資金安全。不受監管的外匯券商雖然不能說全是詐騙，但其所提供的高槓桿倍數、點差優惠，事實上完全是「高風險」的誘餌，萬一有詐騙行為，投資人也將無法投訴或尋求幫助。

　　新手投資人都有一個迷思，就是追逐手續費愈便宜愈好，以為便宜的手續費，就更容易獲利。其實，這是錯誤的，會養成只要一打平成本小賺，就想平倉出場，想說每次只要能小賺一點點，累積就能大賺，反而會造成小賺大賠，眼光更應該要放在掌握一波趨勢，才能大賺小賠。

　　以歐元兌美元為例，只要點差在 20 點上下就是合理的點差。不要為了追逐國外券商便宜的手續費，卻遇上詐騙券商，賠了本金得不償失。

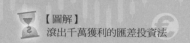

善用「模擬倉」熟練技法

我要在此提醒大家，請重視模擬倉。由於全球投資世界沒有人正確使用模擬倉，我覺得非常可惜。當我還是投資小白時，沒人教我該怎麼運用模擬倉，對模擬倉的認知嚴重錯誤，心態會認為反正模擬倉是假的，賺錢拿不到、賠錢不用虧。

券商起始資金都給 10 萬美元，就一手一手的亂下，賺的時候可以賺上萬美元，賠的時候就去睡覺丟著不管它，常常隔天都從大賠反轉回到大賺，就此種下錯誤的認知，原來外匯這麼簡單又好賺，然後就入金真倉開始暢遊匯海，以為從此就過著幸福快樂的日子？真的嗎？

但真倉世界卻是完全不一樣。當開始用真錢交易後，你的情緒就會大大主導你的投資決策，當賺錢時就想賺更多，結果遇到趨勢反轉卻不知道要出場，讓原本的獲利轉變成小虧損，然後心情很不開心「我是來賺錢的怎麼從賺錢變賠錢？不行，至少要等到回到不賠再出場」，結果就愈賠愈多，從小賠到大賠，心態崩壞陷入無間惡循環，後來怎麼做就是無法找回模擬倉有如神助的狀態。

為什麼？因為一開始對模擬倉就採取輕浮態度，所有在

模擬倉賺到的錢，都是運氣錢沒有技術含量，所以真倉賠錢就是理所當然。

我對真倉與模擬倉的獨家見解

以下三點是我對真倉與模擬倉的獨家見解：

1. 模擬倉練技術、真倉練技術 + 心態。

2. 把模擬倉當真倉做、真倉當模擬倉做。

3. 起始金額改為你真倉準備入金的金額，建議最少 1,000 美元開始當作你的外匯創業本金（錢母）。我教導的是用最少的成本去獲取最大的經驗值。

模擬倉的真義，就是心態認知把模擬倉當真倉練習，所有在真倉會遇到的狀況，透過模擬倉至少全部經歷過一次，甚至練到克服所有投資課題。

投資贏家養成過程必須要經歷真倉的歷練，但不要用自己辛苦賺來的血汗錢去換低級經驗，所以模擬倉就是最好確認自己的投資認知與技術是否能獲利？

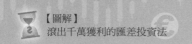

　　但必須確認賺錢的過程是否合乎邏輯，絕對要客觀評估，並且排除運氣賺來的單子。絕對不能在模擬倉有僥倖的因子，因為在真倉世界將放大 100 倍，讓你被市場修理到體無完膚。

善用 100 美元真倉

　　為了感受真倉讓人心跳加速、血脈賁張的世界。100 美元真倉有一個限制就是只要賠 5 美元也就是本金剩下 95 美元就停止交易，完成體驗回去模擬倉繼續練習。準備花費 5 美元去獲取真倉經驗值，是非常聰明的策略。100 美元可以下 0.01 手至少 2 單，你會發現你下第一張單時，本金就只剩下 99.8 美元（因為扣除券商點差手續費）。此時，你會感受到我必須想辦法讓本金回到 100 美元。

　　恭喜，你正式進入外匯圓夢世界，歡迎讀者跟我分享你第一次下單的心情。

真倉當模擬倉做

　　在真倉世界，若能比照模擬倉的進出節奏，該進場就進場、該停損就停損、該加碼就加碼、該獲利出場就出場，恭喜你就成為合格投資者（見圖表 3-1）。

模擬倉 vs 真倉

	模擬倉	真倉
目的	技術	技術＋心態
態度	當真倉打	當模擬單打
對比	新兵訓練中心 二軍	下部隊 一軍

圖表 3-1　模擬倉與真倉的比較

　　這裡要特別說明學習的三個階段（見圖表 3-2）：先從模擬交易開始，要善加利用模擬情境，不斷練習各種可能的發生狀況，如果自己能夠獲利 13％、每日最大停損 5％內，總虧 12％內，才算及格，才可以進階進去匯海實際操刀。模擬倉是先讓大家知道自己是怎麼賠的？怎麼賺的？你先演練好，遇到真實戰場才不驚慌。

　　這裡要提醒大家：匯市是真槍彈雨，沒有真功夫是一下子就被打下場的。進入真倉交易，要再提醒：先用 100 美元測試，去體驗實際外匯投資的感受，要達到獲利 13％、每日最大停損 5％內，總虧損 12％內才能再加碼資金。如果投入 1,000 美元，這筆錢可以當創業基金，有了前面的練

習把握，就可以設定自己的目標獲利 13％、每日最大停損 5％內，總虧損 12％內，才算合格。

　　重要的事情要再強調一次，模擬倉先熟練，目標及格了才可以進場，下面這句話送給大家：「拿錢換經驗？拿經驗換錢？」你想要哪一種？

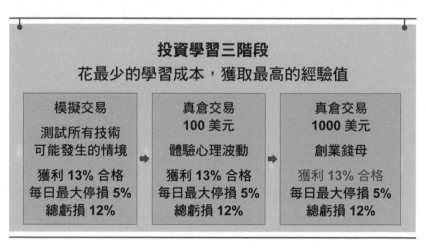

圖表 3-2　投資外匯的學習三階段

第 3 章
10. 八大熱門幣種

「國際清算銀行」（Bank for International Settlements，BIS）每三年會公布一次外匯市場調查，2022 年 BIS 數據顯示，「英國倫敦」38.1％仍是全球最大的外匯交易市場，其次是「美國」19.4％，「新加坡」9.4％排名第三、「香港」7.1％排名第四。但相較 2019 年倫敦在全球外匯市場占比43.2％，顯示其市場地位正逐漸被美國、新加坡削弱中。

即使不做投資，也要了解貨幣

台灣的貨幣是新台幣（NT），大家都知道。因為生

活中不能沒有新台幣，吃喝玩樂都要用到它。如果出國旅遊，大家一定都會換些當地貨幣，這就是外匯交易了。所以即使你不做投資，也一定知道什麼是貨幣，如果已經懂得怎麼樣換匯比較划算，那麼恭喜：你已經掌握了外匯的基本面。外匯，就是將一種貨幣轉換成另一種貨幣。

這世界被聯合國認定的法定貨幣有 180 種，在外匯市場中交易的前 8 大貨幣，若按總交易量先後排名順序大致上是：美元、歐元、日元、英鎊、澳元、加拿大元、瑞士法朗、紐元（見圖表 3-3）。前 6 大可以稱之為「主流貨幣」順序偶爾小改變，但前 4 名幾乎不曾變動過。

貨幣	國際通用	代表符號
1. 美元	USD	$
2. 歐元	EUR	€
3. 日元	JPY	¥
4. 英鎊	GBP	£
5. 澳元	AUD	0$
6. 加拿大元	CAD	$、C$、Can$
7. 瑞士法朗	CHF	₣
8. 紐西蘭元	NZD	$

圖表 3-3　外匯市場的 8 大交易貨幣

冷門貨幣不宜操作外匯

　　大家可能會覺得奇怪？怎麼沒有「人民幣」（CNY，
代表符號「￥」）中國對外匯的管制非常嚴格，基本上是禁
止人民幣以外的外幣在境內的市場流通，對於在境內的外匯
交易和國際間結算也都有管制措施。所以就算中國現在是強
國之一，但是由於人民幣受到大陸中央銀行的管制，在市場
交易與流動量仍然很小，在外匯交易市場中屬於冷門貨幣。

　　屬於冷門貨幣的幣種，不適合成為外匯交易的目標。
我們投資是為了獲利，要達到獲利目標，就要選擇交易量
大、流動性大、起伏性大的貨幣來做操作項目，才有獲利空
間，絕對不要去選一個不動如山的冷門貨幣來操作。

最受歡迎 4 大貨幣組合

　　既然是買賣貨幣，相應而生就會出現貨幣組合。就像去
美國旅遊，我們會用新台幣兌換美元，換匯的時候，你會找
匯率比較划算的時間點，讓新台幣兌換多一點美元。比如昨
天是 1：0.032，今天變成 1：0.033，當然是今天去換美元

比昨天划算！如果你昨天也用新台幣換美元，今天也用新台幣換買美元，那你已經在賺「匯差」了。

「匯差」就是透過匯率的變動，以買賣時間點的不同，所產生的價差。假設今天新台幣兌日元是 1：5，我手上有新台幣 1 萬元，預測日元會貶值，那麼我把手上的新台幣 1 萬元換 5 萬日元，果不出所料，隔天新台幣兌日元是 1：4，我又把原本換好的 5 萬日元趕緊換回了新台幣，新台幣從 1 萬元變成了 12,500 元（50,000÷4=12,500）也沒做什麼就賺了 2,500 元。如果我手邊有新台幣 100 萬元呢？光是這兩天的換匯，就賺了 25 萬元。

在外匯中最受歡迎的貨幣組合有：EUR/USD、USD/JPY、GBP/USD（見圖表 3-4）。

組合幣別	俗稱	英文符號
歐元 / 美元	歐美兌	EUR/USD
美元 / 日元	美日兌	USD/JPY
英鎊 / 美元	鎊美兌	GBP/USD

圖表 3-4　外匯中最受歡迎的貨幣組合

懂匯差，人生是彩色；弄錯報價，人生變慘白

　　再說一個真實的例子：有個美國佬叫 Eric，他在 2016 年帶了 100 萬美元來台灣，當時換成新台幣 3,300 萬元。他在台灣住 4 年，不工作、沒收入、過著吃喝玩樂、交台灣女朋友的生活，到了 2020 年 10 月他要回美國了，那時的匯率新台幣兌美元是 28.5，他只要用新台幣 2,850 萬元，就可以換回原本的 100 萬美元。這表示，這 4 年來，他的所吃、所喝都是免費的，等於他用 450 萬元在台灣過了 4 年愜意的生活，又原封不動地把 100 萬美元帶回美國。

　　懂匯差，還要懂匯差中的報價關係。這裡要提醒大家的是，在外匯交易中，都是以「美元」計價，所以各國貨幣的兌換基準都是「美元」（見圖表 3-5）。因此，會出現三種報價關係：直接報價、間接報價、交叉匯率。

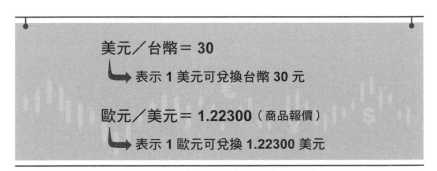

圖表 3-5　什麼是外匯？

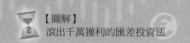
以在外匯市場中最受歡迎的 3 組貨幣組合來看報價關係：

直接報價

只要是「美元」（USD）寫在後面的，就是「直接報價」。以 EUR/USD = 1.10 為例，USD 寫在後面，就是「直接報價」，也就是說，1 歐元可以換 1.10 美元。

間接報價

如果「美元」（USD）寫在前面，就是「間接報價」。以 USD/JPY = 134.03 為例，USD 寫在前面，就是「間接報價」，也就是說，1 美元可以換 134.03 日元，結算時還是要轉換成美元，因為是以美元為兌換基準。

交叉匯率

如果買的幣別組合沒有「美元」（USD），就是「交叉報價」。以 EUR/JPY = 109.80 為例，完全沒有 USD，就是「交叉報價」，1 美元可兌換 1.1081 歐元、121.67 日元，則歐元兌日元的交叉匯率為 109.80（= 121.67/1.1081）。

在實際操作外匯的過程中，不必擔心自己要計算這些

複雜的數字，因為平台都已經用程式算好了，幫助大家輕鬆操作。但是進入投資外匯前，一定要先看懂外匯的報價方式，外匯買賣商品是看「前面」的幣別（見圖表 3-6），

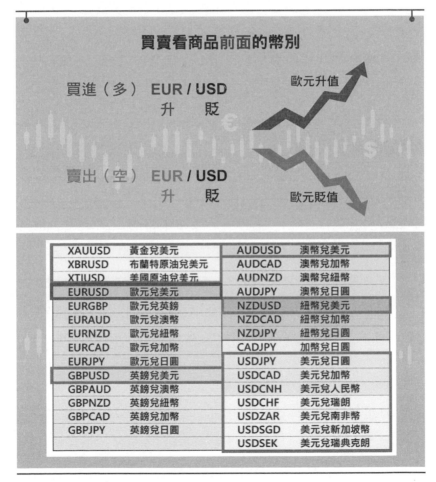

圖表 3-6　外匯買賣商品是看「前面」的幣別

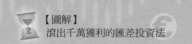

比如：選 EUR/USD（歐元兌美元），若看漲，就按下訂單「BUY 買」，就是買進歐元「做多」進場；若看跌，就按下訂單「SELL 賣」，就是賣出歐元「做空」進場，但最終都是以美元結算，系統已經自動算好了，外匯投資人只需要針對主流貨幣去掌握該貨幣的特徵、金融指標，預判市場，達到獲利的目標就可以了。

外匯的專有名詞

何謂「點」？

點（Pips），就是外匯匯率波動中間的相差距離，稱為「點」。

如：歐元兌美元 EUR/USD，價格從 1.22300 漲到 1.22310，中間相差 10 點的空間距離，這個空間距離稱為 10 小點，又可稱為 1 大點（見圖表 3-7）。

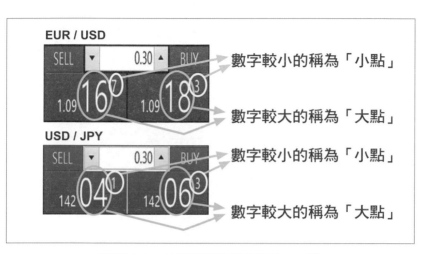

圖表 3-7 外匯匯價的變化單位 —— 點

何謂「看漲做多」?

就是行情預期未來「上漲」時,先以低價買進,未來以高價賣出。

圖表 3-8 看漲做多

如上頁圖表 3-8，假設預期行情未來會「上漲」，以 1.03090 買進，最後以 1.03190 賣出，兩個價格中間相差 100 點的空間距離，就是漲了 100 小點。

當看對行情方向上漲，就是漲了 100 小點，也就是我們賺到了 100 小點，又稱為賺了 10 大點。

若交易 0.01 手，就是賺了 1 美元（100 小點 ×0.01 手 = 1 美元）。

何謂「看跌做空」？

當行情預期未來「下跌」時，以當時價格高價先賣出做空，等未來下跌後，再以較低的價格買回平倉出場，達到高賣低買的條件就賺錢了。

圖表 3-9　看跌做空

如上頁圖表 3-9，假設預期行情未來會「下跌」，以當時價格 1.03120 先賣出進場，最後以較低的價格 1.02810 買回平倉出場，兩個價格中間相差 310 點的空間，就是跌了 310 小點。

當看對行情方向下跌，就是跌了 310 小點，也就是我們賺到了 310 小點，又稱為賺了 31 大點。

若交易 0.01 手，就是賺了 3.1 美元（310 小點 ×0.01 手 = 3.1 美元）。

何謂「一手」？

手數（Lot），就是交易數量，1 手為 10 萬單位貨幣，0.1 手為 1 萬單位貨幣，0.01 手為 1,000 單位貨幣。

如買了 1 手的歐元，等於去銀行買了 10 萬歐元；若買 0.1 手的歐元，等於去銀行買了 1 萬歐元；若買 0.01 手的歐元，就等於去銀行買了 1,000 歐元放在皮夾裡。

以台灣合法券商槓桿 30 倍來說，買了價值 10 萬歐元的 1 手 EUR/USD（歐元兌美元），需要準備 10 萬歐元才能買到，但因為有槓桿 30 倍，所不再需要 10 萬歐元，只需要 3,334 歐元（約 3,600 美元）就可以交易價值 10 萬歐元的 1 手歐元（如下頁圖表 3-10）。

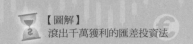

若想買價值 1,000 歐元的 0.01 手歐元，就只需要準備
34 歐元（約 36 美元）就可以交易。

保證金算法

外匯：10 萬商品貨幣 ÷ 槓桿 × 交易數量（單位：手）

例如：交易 1 手（歐元／美元）
　　　保證金 = 10 萬歐元 ÷30 倍 = 3,334 歐元（3,600 美元）

例如：交易 0.1 手（歐元／美元）
　　　保證金 = 1 萬歐元 ÷30 倍 = 334 歐元（360 美元）

例如：交易 0.01 手（歐元／美元）
　　　保證金 = 1 千歐元 ÷30 倍 = 34 歐元（36 美元）

圖表 3-10　外匯保證金的算法

培養貨幣市場嗅覺

要做投資就要對貨幣有敏銳度，每種貨幣都有其性格與
特性，就像不同民族有不同的特色，好比：亞洲人多是黑
頭髮、黃皮膚；歐洲人多是高鼻子、深輪廓……美元、歐
元、日幣等這些熱門貨幣也有其不同的特質：

美元：緊抓「經濟數據」與「美元指數」兩關鍵

　　美國現在還是世界第一大國，儘管量化寬鬆政策雖然導致美元疲弱，但美元仍是強勢貨幣，世界的貨幣霸主。當全球發生重大危機，大家避險除了黃金，就是美元，因為美國是世界最大的經濟體，西瓜偎大邊，一定是要找最強的當作避風港的優先選擇。

　　投資美元，就要掌握美元漲跌的重要因素，以及美元指數。美元漲跌的四個重要因素，包括：

1. 美國經濟

2. 美國央行的貨幣政策

3. 市場情緒

4. 歐元走勢

　　先說「美國經濟」，要掌握美國經濟狀況就要掌握美國經濟數據，這些在 08 章節有詳細的介紹，包括：非農數據 NFP 和失業率、消費者物價指數 CPI、零售銷售數據 RSI……。由於疫情造成世界變化，全球出現通膨現象，現在最重要的數據是 CPI，美國因為通膨，聯準會在今年不斷強調不會降息，所以美元在不降息的狀態之下就有持續走升

的支持力道。

　　但是美國 2023 年 5 月的 CPI 下降至 4.0％，這是 2021 年 4 月以來最低數值，但核心 CPI 卻只從最高點 6.5％降至 5.3％，代表通膨依舊強勁。美國央行在 2023 年下半年是否升息步伐會暫緩、改為延後升息？這要再視其他數據所展現的經濟表現。

　　例如，2023 年 4 月的失業率下降至 3.4％表現是 50 年來最低，代表就業市場需求非常強勁，將持續維持經濟成長的動能，這個指標是美聯儲判斷是否繼續升息的關鍵數據。5 月芝加哥採購經理人指數雖然下降至 40.4，但勞工部發布月度職位空缺和勞動力調查報告顯示，4 月職位空缺增至 1,010 萬個，表示市場就業需求擴增，再加上美國 2023 年 1 至 4 月出口的年增率達 6.5％，也要關注 4 月個人支出數據 0.8％優於預期 0.4％代表消費能力與意願持續強勁，如果 2023 年下半年的非農數據報告持續高於市場預期，美聯儲可能持續加息步伐，因為目前就上述這些基本面的因素預測，將成為未來支撐美元的重要力道。反之，如果 6 月的非農數據報告不如預期，CPI 持續往下降，那麼將停止升息甚至準備進入降息循環。

　　至於「美國央行聯準會的貨幣政策」，如何影響美元

強弱？聯準會要升息或降息，或是否施行貨幣量化寬鬆政策，主要是依據美國的經濟數據。如果確認升息，資金就會大量湧入美國進行套利；如果決定量化寬鬆，貨幣供給會因為突然變大，美元幣值會跌落；反之，如果決定結束量化寬鬆，美元幣值就會起漲。

因為「市場情緒」，投資人已經嗅到了美元會漲的趨勢，所以提前布局，美元就提前起漲了，抓住市場情緒也是投資人必須學習的功課。

至於「歐元走勢」，這就要提到歐元與美元的「鏡像關係」。如圖表 3-11 可見，歐元與美元就像一面鏡子。美元低，歐元高；美元跌，歐元漲。歐元與美元的拉鋸戰一直都是你來我往，彼此漲跌牽制。直覺 K 戰操盤系統將美元與歐元作為操盤畫面可提高勝率，在下本系列書籍將專題詳細說明運用法則與技巧。

圖表 3-11　美元與歐元的走勢圖

　　最後，什麼是「美元指數」（US Dollar Indes, USDX）？
首先要知道美元指數的成分：「美元指數」是在美國州際交
易所（ICE）交易，由美元對 6 個主要國際貨幣（歐元占比
57.6％、日元 13.6％、英鎊 11.9％、加幣 9.1％、瑞典克朗
4.2％、瑞士法郎 3.6％）的匯率，進行加權幾何平均計算而
來。「美元指數」組成的貨幣國家，都是美國重要的交易夥
伴，其中歐元占比最大，日幣次之。

　　「美元指數」是用來衡量美元價值的工具，對外匯市場
有很大的影響力。如果美元指數強，表示美元走強，美元價
值上升。代表美元目前相對於這些貨幣都更強勢，資金會從

其他國家流出，流向美國。例如，2023 年 5 月 31 日，美元指數來到 104.23，相較之前的 104.06，漲幅 0.16％，表示美元走強。同樣地，當美元指數下降，代表美元目前相對於這些貨幣都更弱勢，資金會從美國流出，流向其他國家。

歐元：抗通膨緩升息政策，短期內難走強

影響歐元的漲跌主要是看德、法兩國的經濟表現，因為歐盟是德、法在主導。自全球疫情經濟遽變、加上烏俄戰爭，歐元區通膨情況一直居高不下。歐元區 2023 年 4 月物價指數 CPI 年增率為 7％，雖然一再重申不會停下升息腳步，但是相對於美國的升息步伐，歐元區的升息政策十分保守。

美國打通膨的成果將 CPI 從 9.19％降到 4.9％，美元利率也維持在 5％～ 5.25％之間。歐洲央行打通膨的成果從 10％降到 7％，歐元區利率始終維持在 3.75％左右，這也使得歐元較為疲軟，外界要求歐洲中央銀行升息的壓力甚大，因歐洲已為創紀錄的高通膨所困，但整體環境包括銀行、企業承受不了升息的壓力，所以歐洲央行目前還是一直採取緩升息的政策（見圖表 3-12）。

由於歐洲目前的政治局勢沒有突破，俄烏衝突缺乏進

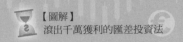

展，通膨緩升息政策，都令歐元短期內難以迅速大幅走強。

國家	GDP 年率 %	CPI 年率 %	PPI 年率 %	生業率 %	工業生產 年率 %	零售銷售 年率 %	貿易帳
美國	2023-Q1 1.3	2023-04 4.9	2023-04 2.3	2023-04 3.4	2023-04 0.24	2023-04 1.6	2023-03 -642
歐元區	2023-Q1 1.3	2023-04 7	2023-03 5.9	2023-03 6.5	2023-03 -1.4	2023-03 -3.8	2023-03 170
德國	2023-Q1 -0.2	2022-05 6.1	2023-04 4.1	2022-05 5.6	2023-03 1.8	2023-03 -8.6	2023-03 167
英國	2023-Q1 0.2	2023-04 8.7	2023-04 3.9	2023-04 3.9	2023-03 -2	2023-04 11.4	2023-03 -28.64
法國	2023-Q1 0.9	2022-05 5.1	2023-04 7	2023-Q1 7.1	2023-03 -0.1	---	2023-03 -80.28
日本	2023-Q1 1.6	2023-04 3.5	2023-04 5.8	2023-Q1 2.6	2023-04 0.4	2023-04 5	2023-04 -10171.87
澳大利亞	2023-Q4 2.7	2023-03 7	2023-Q1 5.2	2023-04 3.7	2023-04 1	2023-04 0	2023-03 152.69
瑞士	2023-Q1 0.6	2023-04 2.6	2023-04 1	2023-04 1.9	2023-Q1 3.4	2023-04 -3.7	2023-03 45.32
加拿大	2023-Q3 1.7	2023-04 4.4	2023-04 -3.5	2023-04 5	---	2023-04 -1.4	2023-03 9.7
中國	2023-Q1 4.5	2023-04 0.1	2023-04 -3.6	---	2023-04 5.6	2023-01-4 8.5	2023-03 902.1

圖表 3-12　各國經濟數據

日幣：最佳避險套利幣種

日幣和瑞郎，通常是用來避險，我稱之為「避險雙星」。日元是亞洲的避險貨幣，瑞郎是歐洲的避險貨幣，這兩者都有「低風險」與「穩定」的特性，適合操作套利。

舉例來說，2007 年金融海嘯之前，美國的利率是 5.25％，日本接近零利率，美元兌日元就有很大的套利空間，因為在美國借錢需要支付 5.25％的利息給銀行，我的投資必須大於 5.25％才划算，所以跨國企業紛紛轉向跟日

本借錢，這就是「聰明錢」，借錢轉美元做定存，還可以賺取 5.25 ％的利息，這叫做「無風險套利」。

影響日幣的兩大因素是：「日本央行政策」和「國際危機事件」。二戰後日本經濟復甦，直追幾乎要趕上美國，威脅它全球第一的地位，所以遭到美國打壓，迫使日本經濟泡沫化，日本長期實施低利率政策，希望民間資金流動活絡。所以日本央行基本上已經等同無限期量化寬鬆，籌碼盡出，不會再有比現在更大量的貨幣政策。

2023 年 4 月 9 日，日本央行新任總裁植田和男上任。他向日本國會表示，如果達成 2％的通膨目標，將會結束殖利率曲線控制（YCC）政策，然後縮減資產負債表。目前日本的通膨率在 3％以上，已經達到央行的條件，可以關注日央最新政策報告，是否改變既定貨幣政策。

日幣何時轉為升值？取決於日本央行新任總裁植田和男是否轉鷹？何時結束量化寬鬆貨幣政策不再大量印日幣？甚至從當前 -0.1％的負利率轉向升息之路？這將是日幣未來關鍵轉折點。可隨時留意財經新聞，一旦發布就可即去銀行換日幣，這將是長期日幣最後的低點。

其次，「聰明錢」之所以會選擇日元做避險商品，除了長期零利率外，另一個原因是日本為「七大工業國組織」最

大經濟體之一，經濟產出能力穩定，貨幣就是國力的彰顯，經濟強大貨幣就值錢。對於像美歐銀行的倒閉事件，對日本金融體系的衝擊很有限，因為日本金融機構擁有充足的資本緩衝。日幣一向是避險工具，如果危機發生在亞洲，資金會先湧入買日幣；但如果發生在歐洲，資金會湧入買瑞郎。

歐盟成立之後，瑞郎一直是跟歐元掛勾，匯率上限是 1 歐元兌 1.2 瑞郎，不會更高，但貶值沒有下限。瑞郎的匯率基本上是靜止不動的，不宜做投資，比較適合做套利，就是逢低買進賺利息。瑞郎如何套利？用外匯保證金操作的話，就要做「隔夜利息」，資金「留倉」，也就是看漲它，其他什麼都不用做。如果買「一手」，每天都賺 0.7 美元，留倉 100 天，隔夜利息就是 7 美元，約新台幣 210 元。當然每家外匯銀行和券商「隔夜利息」的利率不一樣，但大同小異，瑞郎的波動不大，跌了損失不大，只要不平倉，都可以再漲回來。

然而，歷史上曾經出現一個瑞郎的黑天鵝事件，2015 年瑞士央行無預警宣布放棄與歐元掛勾，也就是說取消 1 歐元兌 1.2 瑞郎的上限，瞬間歐元大漲 3 成，市場直接跳空漲停，我記得非常清楚，台灣下午宣布市場凍結 25 分鐘，因為銀行完全給不出報價，25 分鐘後，做對大賺、做錯大賠，

有券商直接破產，因為市場走向單邊，多空部位不對稱，券商無力支付只好倒閉。

數位貨幣的風險

虛擬硬幣如：比特幣（BTC）、以太幣（ETH）、瑞波幣（XRP）⋯⋯是一種存在於電腦世界中的貨幣，類似於新型態的電子現金，沒有實體的形式存在，這種貨幣的特性存在著許多風險：

去中心化

以「去中心化」方式運作，所以可以私下直接完成交易，不受傳統金融機構中心監管，所以只能靠業者自律。去中心化的運作，一方面投資人可以自行私下交易，並且透過網路跨境流通，容易出現非法甚至洗錢的交易行為。

比如：加拿大加密貨幣 QuadrigaCX 創始人離奇消失 1.8 億美元貨幣被鎖死，創始人是唯一握有存取權限密碼的人，其實揭開就是一場騙局。日前全球最大的加密貨幣幣安（Binance）也遭美國起訴，都是因為虛擬貨幣存在著許多

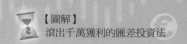

非法問題。

消息面真假不清，走勢易受主導者操控

　　虛擬貨幣缺乏完善的交易規則，連市場風向都容易空穴來風，受假消息或有話語權的投資者影響。比如：特斯拉老闆，被稱為「幣圈之王」的馬斯克（Elon Musk），會特意在自家媒體推特（Twitter）發布消息，說自己對比特幣的未來看好，還要支持比特幣上月球等等發言，造成短時間比特幣價格大幅攀升，誰知短短幾天不到馬斯克就搶先跑了，特斯拉狂賣套現 280 億元，這種閃電暴跌的策劃，莊家的獲利超乎想像，是短線操作者常用的套利模式。

技術指標之母：K 棒

K 棒（CandlesticK Chart，見圖表 3-13），英文中譯就是：蠟燭圖，又稱 K 線。K 棒是一切技術分析的基礎，透視 K 棒，就是要去知道「裸 K 的奧義」，知道一根 K 棒從出生到死亡的過程，一根裸 K 會告訴你 4 個市場價：開盤價、收盤價、最高價、最低價。

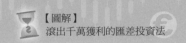

技術指標之母

K 棒

所有指標皆取開高低收

再 ＋－×÷ 故皆為落後指標

圖表 3-13　技術指標之母——K 棒

　　做外匯的時候，對待 K 棒，就像對待自己 2 歲的小孩子，你會讓 2 歲的小孩子跑到馬路上去嗎？不會，因為馬路上很多車子很危險，同樣，做外匯時，絕對不可以放任 K 棒不管，不能隨便對待 K 棒。

　　是「陽 K 棒」還是「陰 K 棒」，要看「開盤價」與「收盤價」的高低關係：

- 「陽 K 棒」：若收盤價高於開盤價，就是「陽 K 棒」。
- 「陰 K 棒」：若收盤價低於開盤價，就是「陰 K 棒」。

　　為什麼我用「陽」、「陰」來標註 K 棒，因為顏色是可以自己調整的。在台灣，我們習慣紅色表示漲，黑色表示

跌，但是美國剛好反過來，美國一堆紅色 K 棒表示價格是下跌。

如果用台灣習慣的顏色來看，如圖表 3-14：

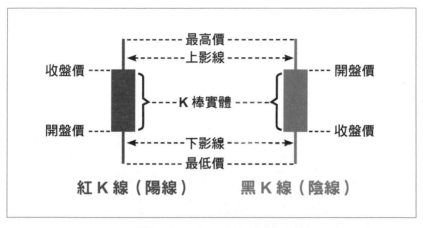

圖表 3-14　紅 K 棒與黑 K 棒

紅 K 表示「漲」，意味著「買方」力道較強；黑 K 表示「跌」，意味著「賣方」力道較強。

一根 K 棒有「實體」、有「影線」。實體向上延伸，叫做「上影線」，實體向下延伸，叫做「下影線」。

- 「上影線」：壓力力道，愈長表示壓力愈強。
- 「下影線」：支撐力道，愈長表示支撐愈強。

「壓力」、「支撐」怎麼看？

從 K 棒線圖可以看出壓力線與支撐線，如圖表 3-15，綠線部分，表示「壓力線」，因為 K 棒走到那個高度似乎就上不去了，好像碰到天花板，有壓力阻擋。同理，如果是跌到一個程度跌不下去，好像有個彈簧床支撐住了，就是「支撐線」，紅線部分。

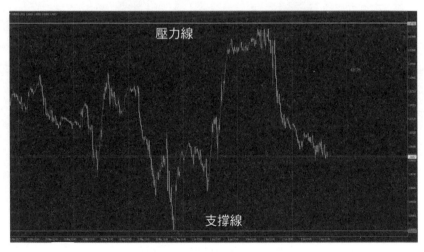

圖表 3-15　壓力線與支撐線

但是壓力、支撐不是一直不變的，好比圖表 3-16，對過去來說是「支撐線」，當跌破支撐線後就轉為壓力線。

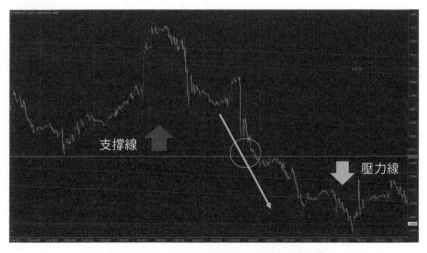

圖表 3-16　跌破支撐線，轉為壓力線

裸 K 的定義

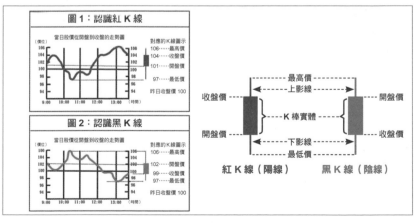

圖表 3-17　認識 K 棒

基本上，K 棒只有三種（見圖表 3-17）：紅 K、黑 K 和平盤（就是十字 K）。

平盤就只有十字 K，沒有實體。實體長度愈「短」，戰況愈膠著。

「紅」K 實體長度愈「長」：「多方」大勝。

「黑」K 實體長度愈「長」：「空方」大勝。

中繼（橫盤）K：意味著 K 棒正在睡覺，最好不要吵醒它。中繼 K 代表的意義有三種：

1. 高不過高、低不過低、靜止拖時間等表態。

2. 是中立沒有方向性。

3. 少則一根、多則無數根。

圖表 3-18 裡，各種中繼 K 的名稱千萬不要背，因為市面上的書籍介紹的名稱都不一樣，沒有一個標準。只要記得長的小紅小黑的樣式即可。

中繼（橫盤）K 線

（高不過高，低不過低；靜止拖時間等表態）

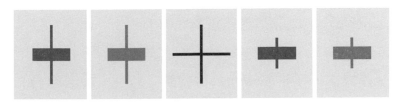

圖表 3-18　各種中繼 K

活的 K 棒：觀察多空力道轉換與強弱

K 棒是線型的 DNA，一根 K 棒可以看出貨幣的最高值、最低值、開盤價、收盤價，一根 K 棒是紅 K 還是黑 K，實體長短、上下影線的位置，只要看懂這些型態，就能某種程度預測出市場的價格和動向。

想買（代表多）和想賣（代表空），其實是一種對抗關係，活的 K 棒就是**專注觀察當下多空力道轉換與強弱，散戶是跟盤手，心中無多空，不預設立場，只要觀察多空兩股力道拉扯對抗後誰贏就跟上誰，當力道轉弱時，就是該下車的時刻絕不戀棧。**

所以，當行情比較強勢的時候，很容易會出現大黑 K、

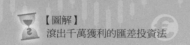

大紅 K；當市場情緒比較混亂的時候，就出現小黑 K、小
紅 K；一旦市場行情要出現反轉的時候，就會出現：上影黑
K、上影紅 K、下影黑 K、下影紅 K。

　　我總結了多年的操盤心得精華，教大家只要學會三種
K：**反轉 K（見圖表 3-19）、表態 K、確認 K。**

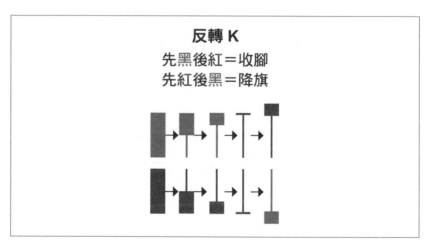

圖表 3-19　反轉 K：K 棒從出生到死掉的過程

「多組合三寶」：行情有反轉上漲趨勢

　　圖表 3-20 叫做「多組合三寶」，意味市場即將有：
反轉上漲趨勢。第一根「多反轉 K 出現，第二根「多表態

K」出現，第三根「多確認 K」出現，意味局勢有上漲趨
勢，所以「做多」。請看這張圖，在黑 K 的情況下，如果
出現多反轉 K、多表態 K、多確認 K，且一定都過前一根的
最高點，就是「做多」機會點。

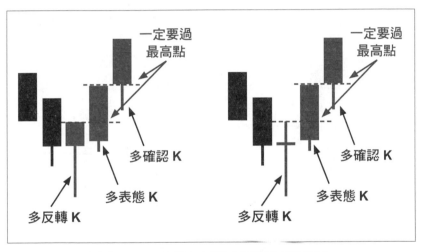

圖表 3-20　多組合三寶（反轉上漲趨勢）

「空組合三寶」：行情有反轉下跌趨勢

　　同理，下面這張圖叫做「空組合三寶」，意味市場即將
有：反轉下跌趨勢。第一根「空反轉 K」出現，第二根「空
表態 K」出現，第三根「空確認 K」出現，意味局勢有上漲
趨勢，所以「做空」。請看這張圖，在紅 K 的情況下，如

果出現空反轉 K、空表態 K、空確認 K，且一定都過前一根的最低點，就是「做空」機會點。

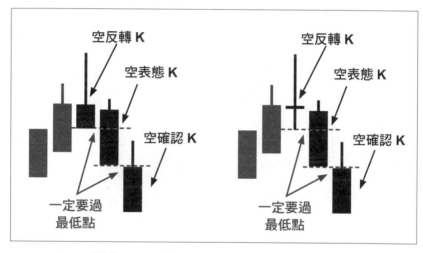

圖表 3-21　空組合三寶（反轉下跌趨勢）

面對「多變化型」、「空變化型」，操作邏輯一樣

當然，市場行情翻雲覆雨多變化，不一定會按照圖表 3-20 或 3-21 **最理想的順序**，最常出現的是多變化型，如圖表 3-22，中間不管出現多少 K 棒統稱「中繼 K」，邏輯還是跟上面一樣，**反轉 K、表態 K、確認 K**。「多組合三寶」，做多；「空組合三寶」，做空。

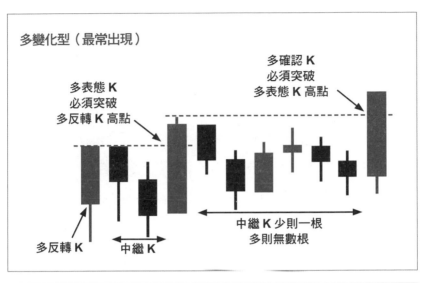

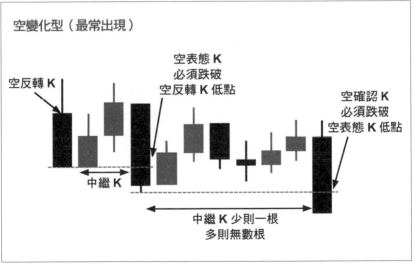

圖表 3-22　多變化型和空變化型（最常出現）

　　投資者有在學技術分析的，應該都聽過「酒田戰法」。「酒田戰法」揭露了 K 棒至少七八十種排列組合，教大家套公式來做漲做跌，這是目前主流 K 棒的教學方法。但是，大家有沒有發現，其實很不容易使用，一來是背不起來，就算熟記，大家有沒有發現，根本來不及對應到實際的外匯走勢，好不容易對應到了，買賣點已經錯過。

　　但我不得不佩服酒田戰法的發明，這位日本「米商」本間宗久，能夠在這麼早以前就發明出這樣神奇的 K 棒線，將買賣雙方力道增減與轉變過程的實戰結果，用圖形表示出來，實在了不起。除了 K 棒，另外兩種基本型態，比如：W 底、M 頭，在股匯市操作上都非常實用。

　　W 底（見圖表 3-23）：在下跌過程中，低點不斷被跌破創新低，只要最後一次沒有創新低或創新低後出現收腳多反轉 K 就成為 W 底的第二隻腳，並同時在前低關鍵位附近。此時，可以採取先逆後順策略的先逆勢做多，停損守在最低點，只要價格跌破最低點就停損。

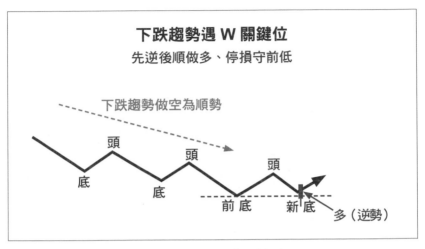

圖表 3-23　W 底的線型

　　M 頭（見圖表 3-24）：在上漲過程中，高點不斷被突破創新高，只要最後一次沒有創新高或創新高後出現降旗空反轉 K 就成為 M 頭的第二個頭，並同時在前高關鍵位附近。此時，可以採取先逆後順策略的先逆勢做空，停損守在最高點，只要價格突破最高點就停損。

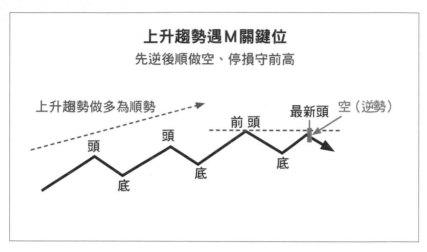

圖表 3-24　M 頭的線型

很多投資者對如何判斷 M 頭與 W 底有各自解讀，其實是有判斷標準的，口訣是：**下跌趨勢就是找 W 底、上漲趨勢就是找 M 頭。**

我最早開始是學習技術指標：KD、RSI、MACD、布林通道、均線，卻讓我破產 3 次，也不斷思考為什麼？後來，我大澈大悟，原來所有的技術指標都是取 K 棒的開高低收，再加減乘除，都是落後指標。**做投資，時間軸一定要定位清楚，要站在當下看未來，而不是站在現在看過去，否則就是看圖說故事（見圖表 3-25）。**

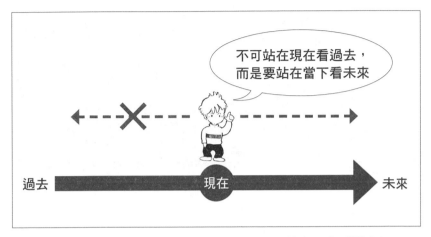

圖表 3-25　要站在當下看未來，而不是站在現在看過去

　　深思熟慮之後，我獨創出屬於自己的操盤祕笈：「直覺 K 戰」技法！是這套自創的外匯祕笈，讓我從破產當中起死回生！

12 獨創「直覺 K 戰」技法

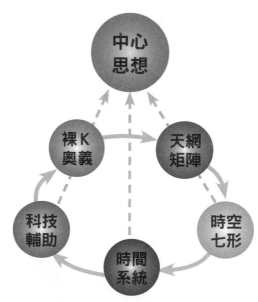

圖表 3-26　直覺 K 戰的六環

　　「直覺 K 戰六環融合」（見圖表 3-26）是我獨創的投資心法。我以基本面是「因」、技術面是「果」，基本面與技術面「融合」，發展出專屬自己的交易系統。

直覺 K 戰有六環

第一環「裸 K 奧義」

　　K 棒是最基礎的技術核心與指標，我已經在前文說明。裸 K 是 K 線的 DNA，我們只需要看三根裸 K：「反轉 K」、「表態 K」、「確認 K」，以及掌握這三根裸 K 的應用組合。

第二環：「天網矩陣」

　　但是任何指標都沒有完美的，K 棒是最基礎的技術核心與指標，但還有不足、缺陷。「天網矩陣」剛好就補足了 K 棒的不足。什麼是「天網矩陣」？就是 K 線的成本線。好比說：5 瓶養樂多是 50 元，1 瓶是 10 元，10 元就是這 5 瓶養樂多的平均價。我們就掌握了一瓶養樂多，最低要花 10 元才買得到。

　　掌握買進成本，等於握有了一張王牌。貨幣為什麼會漲？一定是有人買，有人賣。買的力道如果大於賣的力道，就會推動價格漲起來。能推動價格的漲跌，都來自「主力」，掌握主力成本線，就可以預測大盤趨勢，所以要知道主力的平均成本。

　　我們要用「平均成本」，看趨勢、找價格。主力進場是為了什麼？當然是為了賺錢。主力吃貨吃飽之後，就會將價格拉離當初自己所買進的成本，因為價差拉得愈開，主力賺得愈多。「主力」就是話語權，誰是主力，誰就掌握趨勢，就能成為價格方向最重要的動力。

　　那我們是誰？我們的錢進入匯市就被淹沒不見了，我們永遠不可能是主力啊，我們只能是主力的追隨者，跟著主力走，掌握「主力成本」的方向。你能選對方向、站對邊，就能計算自己的進場成本，提高投資勝算。

第三環：「時空七型」

　　外匯行情經常會出現七種盤型，我稱之為「時空七型」（見圖表 3-27）：

　　1. 靜止盤

2.（區間）震盪盤

3. 盤漲盤

4. 盤跌盤

5. 軋空盤

6. 殺多盤

7. 混合型

這七種盤型又可以歸為三類：反轉、轉盤、主升／主跌。當別人在漲跌的驚心恐慌中，你會因為掌握了盤型，穩如泰山。

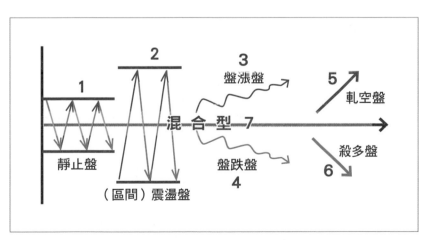

圖表 3-27　七大盤面慣性型態

第四環:「時間系統」

時間系統包含了「橫軸」與「縱軸」。橫軸是「時間」,縱軸是「價格」,我們經常聽到大家喊台積電的目標價,講的就是縱軸,幾乎所有投資人的焦點都是放在價格上的預測,很少對於時間這個橫軸去做探討。但是「時間」是投資中很重要的一環。

在時間系統裡面,「時間週期」裡有「週期 DNA」,可以說大多數賠錢的投資人是對外匯交易的週期是不理解的,就是一知半解也絕對是賠錢的。好比說來了一個強勢的突破信號,趕緊追入進場,其實,這個進場點已經進入前面中長期的壓力區,結果自然又是賠錢,空歡喜一場。

時間系統主要是教大家建立:短線、中線、長線不同交易週期找到安全又有機會大賺的進場點。看時間週期時必須特別注意:不能只看單一週期,否則將陷入見樹不見林的困境,必須搭配至少三個時間週期:長、中、短,才能將投資視野拉高拉大。

外匯平台上有:M1、M5、M15、M30、M60、H1、H4、D1、W1、MN,M1 表示是 1 分鐘的線圖;M5 表示是 5 分鐘的線圖……以此類推。交易者可以利用這些時間圖表,更準確的進行交易,例如:短線交易者是看 M 開頭的

時間圖表，長期交易者可以看 MN（月線圖）來進行交易。
想要把握外匯走勢律動的節奏，就要利用不同的時間週期來
分析走勢之間的關係，不然很容易迷失在匯市波段中，被瞬
息萬變的市場控制和玩弄。

第五環：「科技輔助」

我開發了一款 EA（Expert Advisor），就是一款智能交
易系統，EA 的本質是一個電腦程式，主要的功能就是傳送
交易指令，將交易過程全程轉為半自動化，是投資人的投資
小幫手。

EA 在外匯市場裡廣泛被應用，外匯的 EA 很多，各
有各的功能，會寫程式的高手，從自己操盤外匯所得的經
驗，不斷改進與編寫自己的交易方式，然後編寫成 EA，讓
電腦自動執行所撰寫的交易方式，提供出來讓投資人使用。

在 MT4、MT5 平台上的模擬倉，有個叫做
Marketing，裡面有很多不同功能的 EA，有些需要付費購
買才能下載，也有免費的，但建議大家不要隨便下載，因
為有些 EA 可能含有不知名的竊取程式。銀行系統多半會將
MT4、MT5 平台上的 Marketing 屏蔽，避免引發個資危機。

技術分析 EA 琳瑯滿目，不低於上百種，每一種技術

都有它的理論價值和應用之處，模稜兩可的技術分析指標
太多，奉勸大家千萬不要選擇全自動的 EA，萬一程式寫不
對，會賠錢賠到欲哭無淚。

　　我開發的這款應用 EA，是一種「監控儀表板」（見圖
表 3-28），在下單、平倉有絕對的自主權，主要功能是監
控對投資人有利或不利的資訊，幫忙設停利停損，擁有它如
虎添翼，可以趨吉避凶，是外匯投資很好的小幫手。

2023.06.21 12		持倉時間		0 分	
盈虧	0.00		總盈虧	0.00	
點差	16	單數	0	手數	0.00
淨值	20000	已用款	0	可用款	20000
全部平倉			單一平倉		
關閉總停損金額	490		關閉追蹤止損	120	
開啟停損點數	100		開啟停利點數	150	
多平倉			空平倉		
多數量手收	0		空數量手數	0	
多單成本	0		空單成本	0	

圖表 3-28　EA 監控儀表板

第六環：「中心思想」

做外匯是賺？是賠？要取決於交易策略。「直覺 K 戰六環融合」總結了我幾十年深厚的外匯實戰經驗，是我個人的贏家驗證技法，我將複雜的操作理論化繁為簡，總結了這八個字。

贏家之所以是贏家，一定有一套獨門心法。茫茫匯海，如果沒有根本上的透澈，80％的人都是賠錢出場；就是一知半解，即使有 50％以上的把握度，很抱歉，還是有 50％慘賠機會。

想要在匯役中勝出，勝率 50％絕對是不夠的，如何在每次的轉折行情中，做出預期中的判斷，把勝率從 50％提高到 70％，就要運用我常說的「95％不僥倖，5％靠技術」，要達到這個境界，需要一套完整的 SOP 穩定賺錢模式和公式：「直覺 K 戰六環融合」。我教過的學生都是這樣：一開始是：「不懂，賺錢很難」；然後是：「賺錢不難，穩定才難」；最後是：「穩定、賺錢」。

你是否也和我一開始設定的目標一樣就是想「每次都能狠狠大賺」？但結果卻偶爾大賺、經常大賠。台灣期貨大老前元大期貨自營部總經理賴聖唐曾舉例：有一個交易策略每次賺 5 元又賠回去 4 元，看似很差的績效對吧？但至少能

留下 1 元，只要重複做 100 次就能賺 100 元，這就是好策略。是的，就是要建立在「穩定」為基礎的投資交易策略與模組。

別人下單是先看獲利，我教學生的下單順序 123 是：

1. **找停損點**：當做錯時，自己能夠接受的最大虧損。
2. **找停利點**：利潤必須足夠，才值得做這筆交易；反之，不做。
3. **找開槍點**：關鍵位出現反轉 K 訊號就開槍。

不是每一筆單都要做，不是每一個機會都要賺。**想要穩定就要懂得放棄高風險的交易機會、做該做的事情（按 SOP 不僥倖），而不是「做自己想做的事情」（僥倖想賭運氣）。**

「直覺 K 戰」，教你單刀直入、直指核心，任何時間、看到任何商品，就能一眼看出目前的位階、型態、方向，要如何進場、出場、加碼、獲利，讓交易成為你的反射動作。「六環融合」只要是跟價格波動有關的所有變數，都納入交易系統，有時你要放棄很多高風險的交易機會，這就是贏家的交易：邊玩邊賺錢，愈玩愈有錢。

　　最後一環是「中心思想」，這是一種核心價值。過去我曾玩期貨三度遭斷頭，從破產的挫折中、慘賠的經驗中，大徹大悟，練就了這套獨創「投資心法」：直覺 K 戰六環融合，總結了我對金融市場投資世界的認知，也就是不僥倖。6 年前，我從兩百多萬元，以這套獨創的投資心法，滾出千萬獲利，爬上了千萬資產人生。

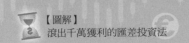

13 找安全又有機會大賺的進場點

投資必須是理性的。如果不能理解，就不要做。我經常跟學生說：「你必須了解自己下訂的每一筆單，為什麼賺錢？為什麼虧錢？如果不清楚，那麼賺了錢是萬幸加僥倖，虧了錢是理所當然。」

投資大師巴菲特（Warren Buffett）有句名言：「如果你在錯誤的路上，奔跑也沒有用。」投資賺錢的關鍵其實不是進場點，而是進場後的交易策略，如果進場後發現自己跑錯邊了，怎麼辦？那你就要有備案，是當機立斷平倉求生、還是減少投資部位、或是拉長時間框架，你要對自己的

交易策略負責。

　　進場就是起手式，一進場就在正確的時間，可以讓自己少走彎路、加速投資報酬，就好像人家說：含著金湯匙出生，意味著比別人有主場優勢，還可以比別人少奮鬥 30 年。在外匯投資中想給自己一個絕佳的起跑點，就要掌握進場最佳時機，想要抓到最佳時機，一定要先認識時間週期：

K 線的圖表週期

　　形成一根 K 線需要的時間被稱為「圖表週期」。如果把 5 分鐘內的開盤價、收盤價、最高價和最低價，做成一根 K 線，這些 K 線組成的 K 線圖，就是 5 分鐘圖，也即 M5 圖表。這張圖表上的每根 K 線都代表 5 分鐘的價格變動。

　　外匯交易的圖表週期下列幾種可以選擇，在 MT4 或 MT5 的平台上方可以看到：

- M1（1 分鐘 K 線圖）
- M5（5 分鐘 K 線圖）
- M15（15 分鐘 K 線圖）

- M30（30 分鐘 K 線圖）
- H1（1 小時 K 線圖）
- H4（4 小時 K 線圖）
- D1（1 天 K 線圖）
- W1（1 週 K 線圖）
- MN（1 個月 K 線圖）

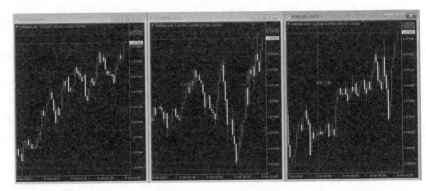

圖表 3-29　1 分鐘、5 分鐘和 15 分鐘三宮格的 K 線圖

　　舉例來說，如果開了 H1 這個 K 線圖，表示圖表中的每一根 K 線，記錄了 1 小時內的開盤價、收盤價、最高價和最低價。所以 M1 和 H1 一比較，就會發現 M1 中有很多 K 棒，因為是顯示 1 分鐘之內的 K 棒，K 棒多，排列組合自然就多，就更容易找到進場點。

交易策略，是依據每個人的操作特性而有所不同，比如圖表 3-30：

交易策略	週期
短線交易（一次 2 小時）	M1、M5、M15
一日交易	M15、M30、H1
波段交易（持倉）	H1、H4、D1
長線交易	D1、W1、MN

圖表 3-30　不同週期的交易策略

以 M1 做為時間週期的 DNA

為什麼我鼓勵大家要以 M1、M5、M15 做為時間週期，因為 D1（一天）是 1 根 K 棒，一年是 250 根 K 棒，但是如果你是看 1 分 K 線圖的話（即 M1），同樣的 K 棒，一天會有 1,440 根 K 棒（一天 24 小時 × 60 分鐘 = 1,440 分鐘）。

看 1 分 K 線圖等於是看 1 年 K 線圖的 5.76 倍（1,440÷250=5.76），也就是說：看一天 1 分 K 線圖，等於是看了 5.76 年的 K 線圖。

　　我們沒有辦法花 3 年、5 年、6 年才去看懂看夠 K 線圖。要快速累積足夠的 K 棒經驗，就要選擇 M1，所以這也是這次我在書中要特別強調的重點：在時間週期上，要採用 M1、M5、M15，以這三個最小的週期來做一個 K 線圖的看盤操作，**運用技巧：M15、M5 找出關鍵位；M1 找開槍點**。也就是用長、中週期找關鍵位，用短週期找開槍點。

　　掌握時間週期之後，就要把握進出場時機。判斷進出場時機的技術指標，一般利用以下兩種方式：

突破區間盤整區

　　區間盤整，表示貨幣匯市上上下下，價格沒有一個明確的方向，投資人的平均持價相當接近，還在震盪整理的階段。一旦突破盤整期，就是一種強勢的表態，也是波段的關鍵點。

　　所以我們經常會看到上上下下一段時間之後，就突然會有一根長紅 K 或一根長黑 K，大漲或大空。這個突破，會是一個絕佳進場機會點。

　　但是，也要注意「假突破」。如果突破之後就馬上又回檔，就要注意看活的 K 棒，不是單看一根 K 棒，要多看幾根，突破的那根 K 棒可能是醞釀漲或空的最低買進成本價。

　　我教大家我的獨創是看「關鍵位」，這是其他書中找不到的。我多年經驗鑽研出「6 種關鍵位」，今天先介紹大家 2 種，光是練到 2 招：「前高／前低」關鍵位，對初學者來說已經夠用了。

　　其他 4 招是關於「主力建倉成本線」，以後慢慢介紹給大家，學會了就可以有 7 成把握橫行匯市。為什麼這本書先不說，因為「貪多嚼不爛」，先把基本功練好，想要功夫深，鐵杵磨成繡花針，只有先蹲「馬步」，才能練出「無影腳」。

獨家祕招：「前高／前低」關鍵位

　　牢記 4 步驟：

Step1　在線圖上找出「前高」或「前低」

　　短線交易者，一次 2 小時，就從 M15 去找。

Step2　判斷是「跌勢」還是「漲勢」

　　「跌勢」看 W 找出前低。

「漲勢」看 M 找出前高。

如果沒有 W 或 M 就放棄不要做，再等好時機。

Step3 善用「活的 K 棒」

就是第 12 章節所介紹的 3K：反轉 K、表態 K、確認 K。

Step4 先逆後順

1. 停損守在前高或前低。

2. 打到停損可反手做多或做空。

3. 若連錯 3 次就是無效關鍵位，離場等下次機會。

第一根反轉 K 來到前高降旗或前低收腳，就能下出測試單，停損守在前高／前低。之後表態 K 可以加碼，確認 K 再加碼。

以下以找出「前高」關鍵位為範例，幫助大家了解：

圖表 3-31　Step1 左邊○處為「前高」

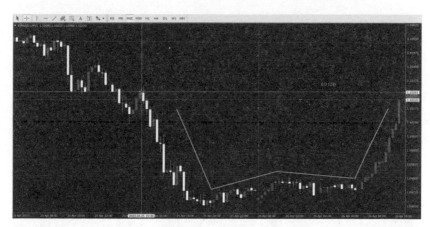

圖表 3-32　Step2「跌勢」看 W

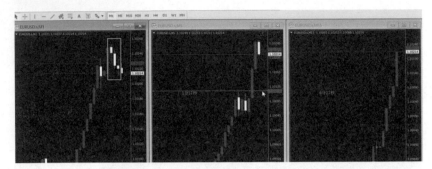

圖表 3-33　Step3 善用「活的 K 棒」3K：反轉 K、表態 K、確認 K

1. 停損守在前高或前低。

2. 打到停損可反手做多或做空。

3. 若連錯 3 次就是無效關鍵位，離場等下次機會。

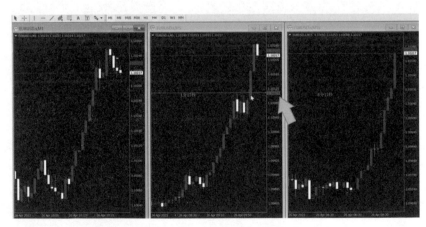

圖表 3-34　Step4 先逆後順

　　來到前高關鍵位代表獵物出現，準備先逆後順找作空點，設定目標獲利價位，圖表 3-34 黃色箭頭處為獲利的目標價位，簡稱 TP（Target Price）。

　　圖表 3-34 是以「跌勢做空」的方法，教大家以「前低」關鍵位，找出進場點。反之亦然，用同樣的步驟可以「漲勢做多」。

　　當時「前高」的價位是 1.10250，等待 M 第二高點出現降旗之後，再遵循「先逆後順」的原則，當下放空的價位是 1.10245，然後立刻設定獲利與停損價位。

　　可以從圖表 3-35 看出，目標價位是：1.10114。停損大約是 10 小點以內，這樣約有將近 131 小點的利潤，盈虧比約 13：1（13 倍），等於只要 10 小點的停損換取 131 小點的獲利。

圖表 3-35　粉紅線條是獲利目標價位，圈起處，
　　　　　約有 131 小點的獲利空間

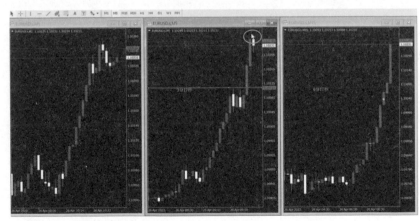

圖表 3-36　箭頭處表示停損處，約 10 小點以內

　　有同學會問：「獲利空間自己決定嗎？」要賺多少當然是自己決定，但是要能不能賺得到啊？怎麼設獲利目標價位，這要看「防護罩」，也就是「交易密集區」，從上面那個案例，可以找出壓縮盤，如圖表 3-37 藍色區塊，那裡是一個防護罩，代表交易密集區，獲利的目標價位設定不超過這一區，這是一種「讓利」觀念。

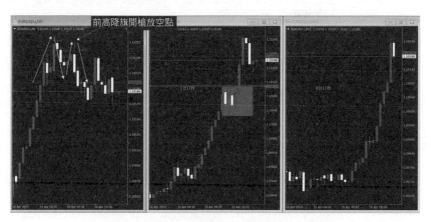

圖表 3-37　藍色區塊，代表交易密集區

　　「防護罩」，就是所謂的交易密集區，即圖表 3-38 框起處。防護罩的跌破或突破，就是進場或出場訊號。

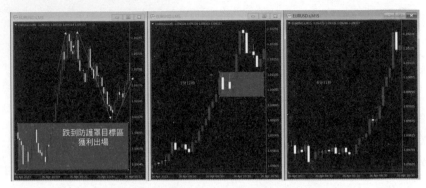

圖表 3-38　藍框處為防護罩交易密集區，也就是空單獲利目標區，
　　　　　　之後就反彈上去

「讓利」是一種心法

　　千萬不要吃到飽，接近目標價位大約還差 20 小點就
可以停利了。有同學說，為什麼要讓利？不是應該吃乾抹
淨？我問大家：「盤是活的還是死的？」是活的就沒有一
定，懂嗎？少賺一點，但是可以持續的賺，這樣不好嗎？少
賺一點，讓利出去，這就是心法，頂尖的心法，這句話大家
一定要記在心上。

　　再看圖表 3-39，這個案例不看 K 棒，因為主力「防護
罩」已經出現：

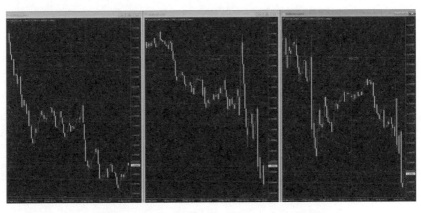

圖表 3-39　打開 M1、M5、M15 線圖

Step1 先在線圖上找出「前高」或「前低」

短線交易者，一次 2 小時，就從 M15 去找。

打開 M15，可以看到「前低」，如圖表 3-40 圈起處。

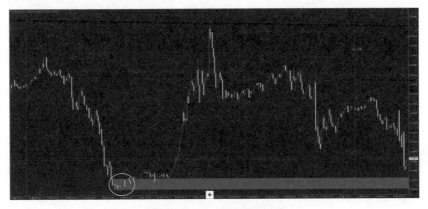

圖表 3-40　找出前低處

Step2 判斷是「跌勢」還是「漲勢」

「跌勢」看 W 找出前低，「漲勢」看 M 找出前高，如果沒有 W 或 M 就放棄不要做，再等好時機。

Step3 主力「防護罩」出現

藍色區塊就是「防護罩」，右邊價格遇到「防護罩」會開始反彈，可以做多。

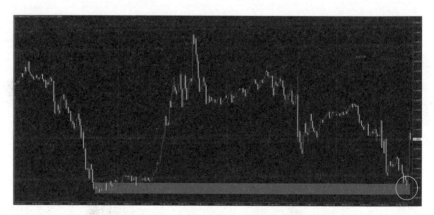

圖表 3-41 「防護罩」出現，開始做多

Step4 先逆後順

1. 停損守在前高或前低。

2. 打到停損可反手做多或做空。

3. 若連錯 3 次就是無效關鍵位，離場等下次機會。

**先做多，停損設防護罩最低點；若多單打停損再反手做
空，空單停損守在防護罩低點，這樣可以買在最低點。**

記得要「讓利」，不要吃到飽，所以做多的話，從底部
往上看前高讓利 20 小點就可以掛停利，結果怎麼樣不一定
會到你所設定的位置，獲利差不多就可以出場。

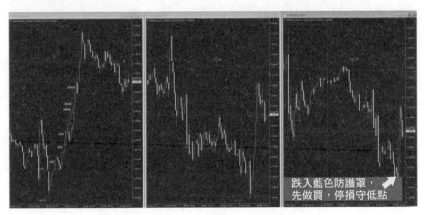

圖表 3-42　記得「讓利」，不要吃到飽

變化題型的實際操作案例

Step1 先在線圖上找出「前高」或「前低」

當圖表 3-43 的 M5 畫圓圈處來到前高,再看 M1 綠色
壓力線確認來到前高。

圖表 3-43　變化題型

Step2 判斷是「跌勢」還是「漲勢」

「跌勢」看 W 找出前低;「漲勢」看 M 找出前高。如
果沒有 W 或 M 就放棄不要做,再等好時機。

圖表 3-44　M1 出現明顯 M 頭

Step3 擅用「活的 K 棒」

就是第 12 章節所介紹的 3K：反轉 K、表態 K、確認 K。

當圖表 3-44 的 M5 畫圓圈處出現 M 頭機會，再看 M1
出現明顯 M 頭就可以放空試單。

Step4 先逆後順

1. 停損守在前高或前低。

2. 打到停損可反手做多或做空。

3. 若連錯 3 次就是無效關鍵位，離場等下次機會。

當圖表 3-45 的 M1 前高（綠色壓力線）被往上突破時，空單就必須停損，並可以反手做多，直到下一個前高出場。

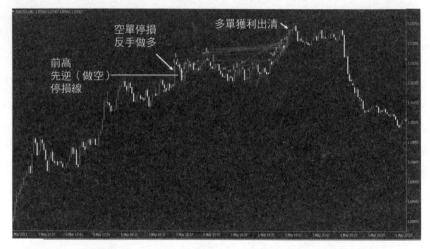

圖表 3-45　先空、停損、反手做多的操作節奏

「直覺 K 戰」就是解碼市場

有句話「生活是最好的老師」，在投資領域「市場是最好的老師」。我所獨創的「直覺 K 戰」，就是透過市場的變化，抓住市場想要傳達的意念、想要帶出的訊息、想要表

達的結果，而我們去滿足這樣一個市場需求，從中得到金錢報酬。「直覺 K 戰」就是以市場為師，教你讀懂市場這位老師想要表達的企圖，並且從中解碼的一個投資系統。

會進場也要會出場

所有投資都需要有風險概念、有停損概念、有投資報酬率概念。尤其愈是高風險投資，愈是短期獲利，愈要設停損，「停損」是整個交易策略中最重要的一環。

因為在「外匯保證金」的交易中，如果進場的單一直在虧損狀態，而帳戶餘額不足以支付的時候，[*]場上所有的單子都會遭到強制平倉，這個稱之為「爆倉」，也就是說，如果投資者的帳戶上剩餘保證金為零，系統就會將所有的單子做「平倉」。

舉一個 100％強制平倉的例子，如果甲用帳戶 4,000 美元投入「外匯保證金」的操作，目前台灣的外匯銀行基本規定的槓桿是 30 倍，甲做歐元兌美元的外匯操作：

---

[*] 每家券商強制平倉規定都不一樣，有 100%、50%，可以問券商營業員。

- 甲在 EUR/USD =1.10982（1 歐元兌 1.10982 美元）的時候買入 1 手，需要付出保證金為 100,000 EUR /30=3,333 EUR，約 3,666USD

- 帳戶剩餘保證金為 4,000-3,666=334USD

- 下單 1 手時，跳動 1 點損益為 10USD，帳戶上金額只能虧 334/10=33.4 點

- 如果 1.10982 跌至 1.10947，跌了 35 點，這筆交易就會被系統強制平倉

- 若當時成交價為 1.10982，那還能拿回保證金 3,666 USD

- 若平倉時市場價低於 1.10982，那虧損又進一步擴大

　　所以，我會建議大家「下小一點」，以資金控管比例原則，每 1,000 本金，最多下 0.1 手。保證金有在 3,000 美元以下的話，交易手數大概就是 0.1 手～ 0.3 手比較好。

　　大家不用傷腦筋怎麼計算保證金，這些在交易平台上都已經程式算好了，我只是攤開來剖析給大家看，主要的目的是要告訴大家：操控制風險的第一步，要從「控制下單，從避免爆倉」開始。

　　最後，常常有人問我，何時做外匯投資較好？我會建議

上班族利用自己的時間彈性投資（見圖表 3-46）：

上班類型	工作時間	可投資時間
正常班	09:00~17:00	20:00~22:00
下午班	13:00~22:00	00:00~02:00
大夜班	20:00~05:00	08:00~10:00 09:00~11:00 15:00~17:00

圖表 3-46　根據上班時間，彈性投資

外匯是 24 小時交易市場（週六日休息），世界匯市交易盤如下：台灣時間早上，主要是亞洲盤的交易時間，下午是歐洲盤的交易時間，晚上到凌晨是美國盤的交易時間（見圖表 3-47）。

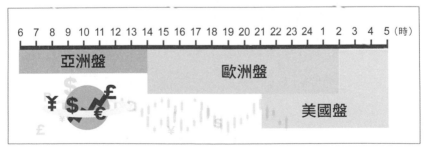

圖表 3-47　外匯是 24 小時的交易時間

提醒大家：「早學裸 K 早賺錢，晚學裸 K 多賠錢。」
我教大家的是「算牌，不賭牌」，學會我獨創的「裸 K」及
「關鍵位」，至少有 7 成的賺錢把握！記得，未來是無法
被精準預測的，誰都無法確知下根 K 棒是漲是跌，但是可
以一葉知秋、見微知著，從因推論果，這就是裸 K 的奧義
（見圖表 3-48）。

定義
未來是否能精準被預測

未來無法被精準預測
無法準確知道下根 K 棒是漲是跌

圖表 3-48　未來無法被精準預測

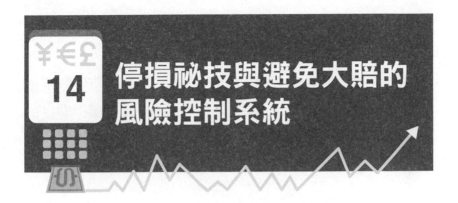

我一再強調，我們不是操盤手，而是「跟盤手」。操盤手是主力，主力可以讓外匯的盤勢波動、漲跌，跟盤手完全沒有這個能力，所以主力吃肉，我們喝湯，我們只是跟盤手，是跟盤手就一定會遇到停損的問題，這是要建立的第一個信念。

停損，爭取下次賺回來的機會

停損不是看當下，是看未來。未來是創造上訴的機會，所以停損是爭取下次賺回來的機會。很多人做投資只看自己想要看的，比如有些人只看「權益數」，錯，應該看「淨值」。

- **「權益數」**：交易專戶的當日餘額（包含未沖銷的損益及其他）。
- **「淨值」（又稱「權益總值」）**：交易專戶的當日餘額（扣除未沖銷的損益及其他）。

很多人虧損了就不願意面對「當下」，因為看當下，什麼都沒有了。但是我要大家看未來，因為未來就是創造上訴的機會。這筆單做錯了，停損掉，是用最少的成本去認錯，重新再找下一個機會，一定會有機會把它再賺回來的。

千萬不能讓這筆單虧很大，因為虧很大要再賺回來是很困難的。停損，投資市場的保命符，跟盤手一定要去把控好每一筆單的停損：把每一筆的投資停損控制在 2%～5% 以內。以歐元兌美元舉例來說，最佳停損 100 pips（小點）是

實戰經驗值中得出的數值（見圖表 3-49）。

停損

1. 因為我們是跟盤手一定會遇到停損
2. 因為盤是活的
3. 看當下損了就什麼都沒了（看淨值非權益數）
   看未來是創造上訴（翻盤）的機會
4. 停損是為了爭取下次賺回來的機會
5. 停損是投資市場的保命符
6. 停損 100 小點若在關鍵位上必須移動避免不必要虧損

圖表 3-49　關於停損

無法停損的根本原因

為什麼無法停損？因為我們人類天性是「趨向快樂、逃避痛苦」，遇到問題鴕鳥心態是比較舒服的，但是事情解決了嗎？沒有，事情只會愈來愈惡化。就像小咳嗽不趕緊處理掉，變成肺炎，肺炎還不處理，變支氣管炎。小病不除，大病會來。癌症從來就不是一天形成的，都是長久不去處理的

小毛病加上錯誤的飲食習慣造成的。所以，我們要把人腦程式原有的原廠設定改掉，原有的設定是輸家模式，我們要將之升級，變成「贏家模式」。升級的贏家人腦是：「趨向快樂、擁抱痛苦」（見圖表 3-50）。

1. 人腦程式原廠設定（輸家模式）➡ 趨向快樂、逃避痛苦
2. 升級人腦為贏家模式 ➡ 趨向快樂、擁抱痛苦
3. 未來是未知的
4. 獲利是老天決定，虧損是自己決定
5. 投資交易一定會賠錢，嚴禁搬錢補倉
6. 不做沒事，亂做一定出事
7. 停損的時候隱含下一個好的交易機會
8. 擁有回血能力才得永生
9. 當盤打不死你就是反轉賺錢之時

圖表 3-50　把輸家模式轉變成贏家模式

投資真正的目的不是賺錢

「愈想賺錢的人，是愈賺不到錢的。」這句話要請大家記起來。大家捫心自問：每一次下單，心情有沒有隨著每一

根 K 棒的起漲心情起伏？一會自我懷疑、一會忐忑不安、一會猶豫不定……因為每一根 K 棒都意味著錢，錢使我們情緒波動，使我們淹沒在 K 線圖中，為金錢糾結。

你注意到了嗎？自我懷疑、忐忑不安、猶豫不定……這些都是不安，都是負面能量。這些能量一旦盤據在內心，彷彿一個黑洞吸載負能量，最終形成情結，不斷地吸引更多負能量填補內在黑洞，不安愈滾愈大，於是就全部卡住了，心情沉重、內心無法流動，再也輕鬆不起來，也無法笑出來。

原因出在哪裡？因為以金錢做唯一的價值衡量。

每根 K 棒出現讓情緒上下波動起伏
出現自我懷疑、忐忑不安、猶疑不定
造成錯誤下單產生賠錢
過程就是投資當下的情緒管理（FEQ）
（當下「活」的 K 棒判斷方式）

算牌系統教你下單 SOP 建立規則
才能在情緒不安時
讓你安神、安心做出正確動作變成賺錢

圖表 3-51　建立下單 SOP，讓情緒不影響操作

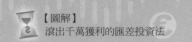
弄清楚賺錢是為了什麼？

很多人會說，當然是為了食衣住行愈來愈好，給家人更好的物質生活，讓自己的時間更自由……？但是，再深入一點去看：當這些目的都達成了之後，內心滿足嗎？不滿足，有還要有，好還要好，多還要多！沒錯，人性是貪婪的。這裡有一個很重要的根基問題：錢能買到幸福嗎？

有沒有看過有錢人自殺的新聞？既然都富有了，為什麼還要自殺？這是一個很大的問題，記住：金錢不等於幸福。所以，投資的目的是什麼？不是賺錢，是追求幸福。白話一點說，投資不是為了賺錢，是為了「過好日子」！過上好日子，內心很滿足，就是很幸福！

如果投資是為了追求幸福，那麼賺錢只是達成這件事情的結果而已。你可以因為有錢實現家人的願望，帶全家出去旅遊、請一個傭人照顧父母……錢毋庸置疑可以幫助你過更好的生活，但更好的生活並不是錢這個東西，錢只是達成的手段與工具之一而已。幸福並不一定來自於金錢本身，甚至有時候與金錢根本毫無關係。對有些人來說，高齡的父母沒有失智，還能一起喝茶聊天，就已經是很幸福的一件事了！

當你看到這個真相的時候，投資的目的就不是賺錢了，

你會看到一個更高的境界：幸福！你會問自己：是不是正在通往幸福的道路？用這個思考邏輯去看虧損的單，錢本身就沒辦法讓你情緒波動了，這時正能量才能進入你的內心，你清楚投資是為了幸福，做錯就會趕緊認錯。當你抓到投資心法，幸福感出現，錢自動出現，你充滿感謝，幸福感一波波湧來。所以請記得，你是在投資世界找尋你的避風港（也就是安全感）和成就感。安全感加成就感，堆疊出幸福感。

建立停損系統

出訊一是警報器，當不斷出現出訊一，就代表警報器不斷響起，要提醒自己部位與盤勢是反向的，要隨時做好出場的準備（見圖表 3-52）。

出訊一就是要強迫自己揭露對我不利的資訊與情報，標準從嚴只要不利部位方向（包含心理面）的所有資訊都要揭露，例如：想睡覺、尿急等都算（見圖表 3-53）。

停損系統

1. 預警：出訊一（出場訊號 1）
2. 最後停損點：（先找好停損才能進場）
   出手前須先找自己能接受的點位
   當價位來到時（見價）就須當下
   斷然執行。
   若不執行，家破人亡。

圖表 3-52　停損系統

出訊一

警報：強迫自己

　　　　揭露對我不利的情報

　　　　次數愈多代表愈危險

　　　標準從嚴只要不利部位方向
　　的所有資訊（含心理面）皆須揭露
　　不僥倖＝活在當下　僥倖＝活在未來

圖表 3-53　出場訊號

出訊一再出現，就該停損

妨礙你的賺錢之路，正是你的心。當你把錢作為目標的時候，就入了魔道，然後你整個人被錢左右，蠅頭小利看不上，追求高風險、高利潤，一心只想一夜暴富，進入了內心黑洞的負循環，然後一次次被市場修理。所以我一再要提醒大家：**不要被錢支配了，錢把真正的投資目標淹沒了**。錢就是你的欲望，欲望淹掉了投資的路標，使得真正的路標沒有辦法被識別，真正的目標是：幸福！當你把錢當作人生目標的時候，愈想賺錢，愈賺不到錢。錢只是幸福感一個順帶的、自然發生的結果，它不是目的，只是一個手段與方法。

建立停損系統的第一個預警，就是出現「出場訊號」（簡稱出訊）。如圖表 3-54，你在 50 元買進股票，漲到 51 元已經賺 1 元了，此時是出訊一，因為還要扣掉券商手續費與政府的交易稅。

漲到 52 元已經賺 2 元了，此時還是出訊一，因為才打平券商手續費與政府的交易稅還沒賺錢。

漲到 53 元已經賺 3 元了，此時還是出訊一，因為賺太少，扣除上述成本才賺 1 元。

漲到 54 元已經賺 4 元了，此時還是出訊一，因為賺不

夠，扣除上述成本才賺 2 元。

漲到 55 元已經賺 5 元了，此時脫離成本區就不用出訊一，但還是要隨時關心價格是否有大幅度掉落。

若從 56 元下跌回到 55 元，此時警報出訊一又再響起，上漲趨勢已經有改變了。

若從 55 元下跌回到 54 元，此時持續出訊一，已經轉變為下跌趨勢要開始獲利出場。

舉個例子，有人台積電（2330）買在 550 元，現在已經跌破快要 500 元，心想台積電是護國神山，價格應該還是會再回來。這就是所有散戶的心聲，股票已經賠錢的時候先安慰自己，沒有看到外資、法人所有主力已經連續賣超，你一個散戶只有幾張台積電還在期待 500 元會漲回來。

我們頭腦裡有一個自我屏蔽機制：只看自己想看的，避開不利於自己的。主力外資賣超已經是一個警訊，台積電法說會顯示台積電利潤下降又是另一個警訊，就像下圖，出場訊號一再出現，你卻視而不見、聞而不聽，那被割韭菜怪誰？怪自己。

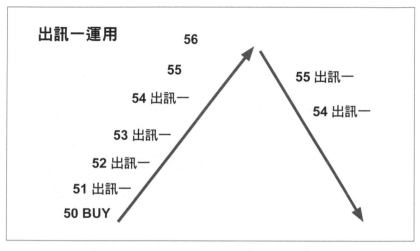

圖表 3-54　出場訊號一直出現，表示危險升級

不僥倖，就是活在當下，就是贏家思維

出訊一再出現，表示對自己不利的情報一直增多，次數愈多愈危險。外資已經賣超，這是警訊，如果看到這個警訊，不僥倖的人就會跟著當下出場，僥倖的人就會期待股價再漲回來。不僥倖，就是活在當下，擁抱痛苦。這就是贏家思維。

做外匯也是一樣，先找好停損點才能進場。出手前須先找自己能接受的點位，當價位來到的時候，就需當下斷然執

行。我常會說：「若不執行，家破人亡」這是非常嚴肅的事情。很多人為什麼不能停損？因為先進場，才找停損點。

我不教大家教條式的內容，我要去「解構」投資者「當下」不停損的心理狀態。只有解構，才能看清真相，才能知道當下的問題出在哪裡，當下包括很多情緒，所有的輸家都是先進場了，才找停損，有人甚至進場後，跌了還不停損。

停損可以用金額衡量，也可以用百分比衡量。比如跌 5 元、跌 10 元，這是用金額停損；跌 10 ％、跌 20 ％，這是用百分比停損。但是，就算有人設了停損，重點是：不執行。或設了停損，一改再改，停損無止境……

為何無法果斷停損？

不能果斷停損的原因大致來說有二個，一個是因為「先進場，才找停損」，一旦走上這條路，是非常難停損的，因為獲利的心已經驅動，即便想要停損也會心猿意馬、變來變去、改來改去。這種情形就像雲霄飛車已經啟動，上下坡快速滑行，要煞車也來不及。所以我教大家進場、停損、出場的優先順序是：**先找停損→確認獲利空間→進場下單**（見圖

表 3-55）。這個標準從嚴執行，不這樣執行就會無法停損。

另一個無法停損的原因是「擁有完美主義」，完美主義不能容忍自己犯一點錯，所以很容易抱持著僥倖的心態，希望賠錢的訂單有機會可以漲回來，這會造成一錯再錯，最後萬劫不復的狀態。

很多銀行都有外匯操作的自營部門，聘用合法的操盤手為自己銀行操盤外匯，這些操盤手都會受到銀行自己的風險控制部門（簡稱「風控」）監督。首先，銀行會簽約只容許多少百分比的資金虧損，超過了百分比交易員要自己賠。好比說，有些銀行只允許一天最多只虧新台幣 10 萬元，超過新台幣 10 萬元交易員要自己賠，這只是最基本的規定，但萬一還是停損不了怎麼辦？風控電腦會自動砍倉，可能在交易虧損 6 萬元的時候就拉警報，虧 10 萬元就直接斷頭。

為何無法果斷停損？

1. 先腦殘進場再找停損點？
2. 進場、停損、出場的優先順序？
   ❶先找停損　❷確認獲利空間　❸才開倉進場
   停損 ➡ 停利 ➡ 進場
3. 投資交易一定會賠錢
   第一時間停損成本永遠最低

圖表 3-55　為何無法果斷停損？

銀行的停損機制是層層監管非常嚴實的，那我們沒有風控把關怎麼辦？教大家一個辦法，讓自己的另一半當風控老大，另一半徹底執行風控之後，你要頒贈獎金以資鼓勵（見圖表 3-56）。

法人自營部徹底執行 SOP 殺招：
風控部（風險控制部門）

你的另一半就是風控部門老大

老婆協助監看停損並提醒兩次，若不聽可立刻強制全部平倉並給老婆一萬台幣當獎勵金

圖表 3-56　徹底執行風控的方法

避免大賠必須做好風控

以歐元兌美元來說，一次要漲跌 1,000 小點的次數，一週不到 1 次，但是要漲跌 100 小點，一天大概 4 到 6 次。請問你要做漲跌 1,000 點的，還是做漲跌 100 小點的？

以圖表 3-57 來看，哪一種比較賺？當然是 100 小點漲跌，因為點數是老天決定，手數是自己決定。

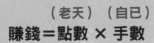

（老天）（自己）

賺錢＝點數 × 手數

1000 小點 ×0.01 手 = 10 美元
100 小點 ×1 手 = 100 美元
100 小點 ×5 手 = 500 美元

圖表 3-57　哪一種方式比較好賺？

所以，在此要做幾個結論（見圖表 3-58）：

要避免大賠就必須控制風險，絕對不可移動停損

每一張單子都要設損點，先設好再進場下單。

累積小賺，就是大賺

小賺就是風險控制得宜，學習讓利，學習愛上小賺。

偶然大賺，不刻意去追求

大賺是一種機運，這種機會不是常常有，需要時空背景完美的配合才會出現大行情，所以不要去追求只是偶爾發生的事情。穩定小賺就是大賺。

快樂小賠，停損認錯，下一回合再戰

　　投資世界最棒的事情是：機會常常有。錯過這次，再等下次，只要手邊還有籌碼，都可以再扳回。不要被自己的慾望、情緒、不服輸牽著走，投資一定要理性，面對虧損的最好方法是：認錯！

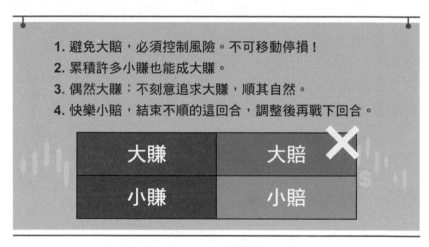

1. 避免大賠，必須控制風險。不可移動停損！
2. 累積許多小賺也能成大賺。
3. 偶然大賺：不刻意追求大賺，順其自然。
4. 快樂小賠，結束不順的這回合，調整後再戰下回合。

大賺	大賠
小賺	小賠

圖表 3-58　對於盈虧的心態

鎖單容易、解單最難

　　有別於期貨先進先出，同時只能存在單邊的單子，鎖單

是 MT5 特殊的一項下單策略，但千萬不要使用。何謂「鎖單」？就是買單與賣單可以同時存在，損益就被鎖住。

　　一般來說，都是在發生虧損時鎖單，代表把虧損單鎖住，虧損不會再擴大，但這是鴕鳥心態，代表你正在「凹單」，這是絕對錯誤的選擇。鎖單之後由於外匯券商會收隔夜利息，所以雖然虧損被鎖住，但每天的隔夜利息一樣會讓本金持續流失。

　　解單如同「拆彈」，才是考驗真功夫，這需要掌握關鍵位與加碼的高超技巧，對一般投資人來說是困難的，所以建議千萬不要鎖單（製造危機），投資錯誤就停損結束這一回合，下次再重新開始賺回來就好。

第 **4** 章

訓練你的財富肌肉

15 投資，不必把健康也賠進去

　　投資容易讓人焦慮，尤其當自己以為學會了投資交易的技術，也做好了看盤資訊的分析，終於下了一個自認為很好的交易策略，結果卻是虧損，不免開始焦慮、懷疑。

世上「唯一的不變」就是「變」

　　世界隨時在變，投資世界是一個沒有承諾的地方。往往鎖定、計畫好的目標，一個意外發生，就造成巨大衝擊。面

對市場的變化與不確定性，投資人是很容易焦慮、恐懼、不安、疑惑。不只做錯決定焦慮，看盤太久也焦慮，一旦事與願違，整個人身心俱疲，這時一大堆的偏差想法都會跑出來。

面對焦慮、恐懼、不安與疑惑，最好的方式是去理解它。理解什麼？理解「未知」、理解「變是唯一的不變」，理解投資市場的真相。能理解就能避免心理狀態走入極端。說實在話，投資是一個最能夠認清人性的地方。如果你不認識自己，歡迎來到投資世界，你會發現這裡是最容易找到自我的地方，也可能是要付出最昂貴學費的地方，你會看到人的無知、恐懼、貪婪與希望，這裡是最精采的人生啟示錄，很多人投資到最後，連健康也賠進去。

曠野的呼喚，打造台灣第一台「行動操盤車」

2013 年開始，我徹底實行「邊玩邊賺錢」的理念。小時候父母忙工作，沒時間陪小孩，投資是一個很自由的行業，我可以跟家人、孩子多相處，帶著他們四處玩樂，還可以兼顧投資，所以我添購了一台露營車，打造成台灣第一台「行動操盤車」（見圖表 4-1），這台車是我路上移動的

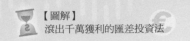

豪宅，裡面有廚房、有衛浴、有客廳、客廳同時也是操盤室，我會找風景絕佳、網路訊號好的地方露營。

外匯是高風險投資，可能大賺也可能大賠，我每天僅利用短短 2 小時專心找進場點，如果沒有找到好的進場機會點，就先休息，一開車門就是大自然的絕美風景，心曠神怡，家人又在身邊，一起度假、玩樂，十分開心。

師法自然，自動謙卑

我鼓勵大家走進大自然，進入大自然很容易打開胸襟，感覺到自己的渺小。面山、面海，看見山河壯闊，大自然大刀闊斧的自然傑作，那種震撼與感動，自然會低頭，造物主是無與倫比的，人類只有謙卑。

我們只要有謙卑的心，就不會狂妄自大、存非分之想。尤其做外匯交易，心態和紀律是最重要的，這兩個把關好，其他只是技術面和基本功的問題。人最難掌控的是人心，人心難把持的就是不貪婪，人都是貪得無厭的，看看人類總是不斷掠奪大自然，但是大自然中連草食性動物都懂得逐水草而居，使草木生生不息。

所以我們要勉強自己凡事就讓一步，不要做過頭，這也正是我所謂「讓利」的觀念，就是不貪。有了正確的投資心態，不管大賺或大賠，內心波瀾起伏再大，都能平靜。尤其大自然中的蟲鳴鳥叫、潺潺流水、濃郁芬多精……這些都是金錢買不到的，尤其現代人很多失眠的問題，置身大自然最能幫助人好眠，這絕不是金錢能使得上力的。金錢損失了再賺就有了，健康失去了，用再多錢也喚不回。

我之所以捨棄舒適飯店改露營，就是希望可以接上大自然脈動的頻率，大量的芬多精不僅殺菌，還能改善腦部的神經傳導系統，滌除心靈塵埃，這是一種非常棒的自然療法。

圖表 4-1　台灣最南端墾丁祕境砂島

露營是跳脫舒適圈，自己生火、自備食材、自行炊煮……凡事自己動手打理，彼此互助合作，雖然盥洗如廁空間比較狹隘，但是一回到都會中，會更加珍惜生活中的方便。

我開著全台唯一的操盤露營車「邊玩邊賺」，用我獨創的「直覺 K 戰」，只要有手機訊號就能賺錢，關鍵只在於：你是否懂得「讓自己自由」的賺錢方式！如果你下定決心，想學一套受用一輩子的賺錢技術，讓這輩子不用再為錢苦惱，讓生活過得輕鬆自在，就一定要掌握這個最能穩定獲利的投資工具。

我們的人生很容易被外界操控，被工作、被手機、被電視、被逛街購物……霸占。大多數人進入職場或結婚生子後，身材就走樣，愈來愈發福，所以一健檢，哇：滿江紅！我們怎麼會把身體搞成這樣肥胖？該睡覺了，卻還在滑手機？這些東西難道不是在損害自己？

我鼓勵大家邊投資邊健身，運動的原型是正向的，邊運動邊看盤，是一種養生操盤，我行之多年，效果很好。運動不但甩肉，還可以減壓、可以增進睡眠、可以增加生活紀律，如果你以前是把滑手機、逛街、看電視優先，現在順序

調整一下，把運動晉升為每天必須認真完成的待辦事項。

運動讓人積極而不著急

運動應該是和工作一樣重要的東西。沒有健康，一切都是零。透過運動，我們可以成為更好的自己。當你把身體多餘的贅肉甩開，把自己漸漸形塑出來，你會發現你很快樂，內心與外在都變得愈來愈強大，你與這個世界、以及社會的連結，會愈來愈寬闊，也會愈來愈從容。

從容就是不急。做投資最怕心急，急的時候會失去理智，就容易犯錯。人性都是有弱點的，尤其投資的時候必須心平氣和，沒有七情六慾，腦筋清明才能下判斷，找不到進場機會點就休息，休息時最好的選擇就是運動。所以我在家裡弄了一個健身房，操盤室裡也有踩踏車（見圖表 4-2）。

圖表 4-2　邊操盤，邊運動

重訓，耐力的拉鋸

　　我曾經一度胖到 80 公斤，整個人看起來像是膨風的氣球，兩頰圓鼓鼓的，嘴裡彷彿塞了兩顆茶葉蛋，更可怕的是內臟脂肪的堆積，指數長紅。

　　過去我在錯誤的認知下使用身體，決定好好保養，但是脂肪這個東西就像是一個老魔王，每次減重都持續不了兩個

月就復胖，於是我決定尊重專業，組了一個以我量身打造的健康團隊，有重訓教練一對一教健身，又有營養師一對一諮詢三餐，這才發現過去很多以為正確的觀念都是錯誤的。我進行體態雕塑近一年了，過去我是甜食、宵夜都來，現在甜點零食對我已經完全沒誘惑，體重從八十多公斤，下降到70 公斤，又從停滯了 3 個月的 70 公斤，回到年輕時候的64.5 公斤，整個人精神清爽起來，連朋友看到都說我年輕了十多歲（見圖表 4-3）。

重訓是一種耐力的拉鋸戰，基本概念是：超負荷，也就是運動強度必須超出習慣的負荷程度，肌肉才能變強。因為是超負荷，表示不曾體驗過，在訓練的過程當中，有時會懷疑自己是否能完成。這跟投資非常像，但是只要盡力去嘗試，不論順或不順，是賺或賠，最後都會變得更強！我也目標參加健美比賽，讓團結一塊的腹肌強迫它們分成六塊肌，並露出人魚線，為我加油吧！

健身與自律有很大的關係

把健身當作投資來看，會發現一個共同真相：紀律！必

須堅持、持續去做，並且在這當中不斷找到平衡與維持，才
有最後好的成果。

紀律可以讓生活中的不確定性，包括所有的負能量（懼
怕、懷疑、不確定……）轉化為「期待」，維持紀律是一種
心的訓練，你會更願意去嘗試、探索、累積經驗，以便下次
能夠快速適應，守紀律是每個投資人都需要的核心能力。

試試看，當你和我一樣這麼做的時候，你的人生會跟著
改變。

圖表 4-3　作者開始健身，體重從 80 公斤到 64.5 公斤

17　錢不是賺來的，
　　是吸來的

　　所有的窮人，歸根究底，都是因為理財出現了問題。想
要依賴金錢使自己後半生無後顧之憂，要先誠懇找出金錢的
來源。如果你的金錢來源是工作，那就要好好工作，領到薪
水。態度隨意、怠忽職守，自然會失去工作，也失去了錢的
來源。如果你的金錢來源是投資，那麼就好好做投資，技術
面、基本面都要學習，所有與金錢來源有關的東西都離不開
「認真」二字。

　　我們可以試算一下（見圖表 4-4），我們一輩子當上班
族可以賺多少錢？假設一天工作 8 小時，工作 40 年。一天

8 小時 × 一週 5 天 × 一年 50 週 = 8 萬小時。

時薪 100 元	100 元 ×8 萬小時 = 800 萬元
時薪 200 元	200 元 ×8 萬小時 = 1,600 萬元
時薪 300 元	300 元 ×8 萬小時 = 2,400 萬元

圖表 4-4 　1 個人工作 40 年可以賺到的錢

　　時薪 300 元，一天賺 2,400 元，一個月工作 20 天，月薪 48,000 元，這樣的薪水，算是不錯了，工作 40 年下來總共賺 2,400 萬元，還不吃不喝不花，這樣的錢能買房子嗎？就算時薪 600 元，一天賺 4,800 元，一個月工作 20 天，月薪 96,000 元，將近一個月 10 萬元的薪水，40 年下來，不吃不喝不花賺 4,800 萬元，都還很難在台北精華區買到房子。

首富不能撿錢？

　　曾經有個小故事，全球首富比爾・蓋茲（Bill Gates）

走在路上，如果看到有人掉了 100 美元，他是不能彎腰去撿的？因為他彎腰所花的時間，已經遠遠大於那張 100 美元帶來的價值。這個故事告訴我們，首富賺錢，絕對不是用個人一輩子的時間去工作賺來的，比爾·蓋茲賺錢的方式，是創造了微軟（Microsoft），用成功的商業模式成為世界首富；同樣也是世界首富之一的華倫·巴菲特是靠投資成為富豪的。所以，錢不是賺來的，是吸來的。一種是成功的商業模式，一種是成功的投資，所以如果不是去建立自己的商業帝國，就是要把投資學好。

錢是吸來的，怎麼吸？在商場上是建立商業模式，在投資世界就是建立 SOP。很多人都愛錢，其實他們搞錯了，他們不是「愛錢」，他們是「需要錢」。錢只是一個工具，是我們在這個世界上生活的需求。就像槍，警察用來抓壞人，犯人用來做壞事，槍本身沒有好壞，而是看使用的人，錢也是一樣。

審視自己的錢包

想要錢留在身邊，當然先要對錢很好。請問：「你是怎

樣對待錢的？」現在大家打開錢包，看一下自己的鈔票所
屬的環境，是一個乾淨舒適的環境？還是一個亂糟糟的環
境？你的錢有沒有被折疊得亂七八糟？**與金錢保持良好的關
係非常重要，你喜歡錢，錢才會喜歡你，你與金錢相處良
好，錢就會一直在你身邊，而你需要錢的時候，錢就會成為
你最好的盟友。**

我們需要把錢擬人化，把錢當成一位顧客，把自己的錢
包當成這位錢顧客要住進去的五星級旅館。錢喜歡待在舒
服的環境，所以你應該把鈔票一張張妥當的放穩放好，每種
幣值分別住在不同的錢包裡，就像飯店有分等級。當錢顧客
進來錢包時，你要微笑：「歡迎光臨，祝福您住得順心愉
快！」當錢顧客要離開時，你要祝福：「謝謝光臨，下次再
來！歡迎邀請親朋好友一起度假！」

錢喜歡跟喜歡自己的人在一起，你這麼急著把錢花掉，
是不喜歡金錢嗎？錢喜歡好好的被使用，你花的每一分
錢，都是必要的嗎？拿到薪水時，先決定不做什麼、不花什
麼，然後把錢分幾等份，一部分用來儲蓄，一部分用來支付
生活基本開銷，閒置的錢用來投資。對待金錢就像對待你喜
歡的人一樣，這樣金錢才會留在你的身邊。

你對錢的定義

1. 為什麼需要錢？
2. 錢給你的感受？
3. 你覺得配擁有很多錢嗎？
4. 你的父母給你怎麼樣的金錢觀念？
5. 你的金錢觀念？怎麼花錢？
   賺錢靠智慧、花錢是藝術

圖表 4-5　你對錢的定義

跟錢懺悔認罪

「你願意跟錢懺悔嗎？」以前我認為錢很髒，這樣的觀念沒有錯，錢經手很多人，上面很多指紋和細菌，錢很髒沒錯，但這樣的觀念讓錢無法留在身邊。我父親跑路之後，我高中就開始半工半讀，16 歲就開始工作，家裡柴米油鹽需要錢，我必須賺錢。

長大後，我知道有很多事情我們是無法控制的，比如說我們無法選擇自己出生在哪一種的家庭，無法不老去……但也有很多事情是可以控制的，比如領到薪水如何使用……生

活中處處充滿選擇，我們必須知道，如同投資交易一樣，每
一次的選擇對未來都會有影響，所以要對自己的選擇負責。

　　後來，我選擇喜歡金錢，改變自己跟錢的關係，也跟錢
懺悔認罪。我們善待用錢的方式，金錢自然有所回報。窮人
有一種奇怪的思維，那是一種乞丐心理，思想很極端，他們
不是不把錢當一回事、就是覺得不配擁有錢……窮人並不知
道自己窮，他們的視界很狹隘，沒有被打開，就像乞丐並不
羨慕富翁，只羨慕比自己混得好的叫花子，真是讓人哭笑
不得！

如何改變與錢的關係？

1. 你要做什麼改變與錢的關係？
2. 你願意跟錢懺悔嗎？
3. 你願意分享你的改變嗎？
4. 你願意持續 21 天嗎？

圖表 4-6　如何改變錢的關係？

常見的外匯詐騙

只要是涉及錢這件事，不管是外匯、股票、虛擬貨幣、基金、或私募股權……都很容易有詐騙出現，就是玩家的遊戲交易平台，也充斥不少詐騙。

詐騙集團常以投資「外匯保證金」為號召，所以特別要提醒大家，**目前台灣合法的外匯交易商僅有：群益、元大、凱基、富邦**，台灣金管會並沒有允許任何海外匯商在台灣合法經營「外匯保證金」，所以，請記得：千萬不要在海

外開設外匯交易帳號，也絕對不要透過其他人發過來的連結下載軟體。

　　「外匯保證金」所使用的主流交易平台是 MT4 或 MT5，MT5 是 MT4 的升級版，MT 是 MetaTrader 的縮寫，這是目前提供外匯、差價合約、股票和期貨市場等金融產品交易的主要交易平台，由俄羅斯的邁達克軟體公司（MetaQuotes Software Corp）開發 MetaQuotes 為全球客戶提供正版 MT4/MT5，可透過 Appstore、GooglePlay 下載到手機或電腦。

容易被詐騙盯上的族群

　　外匯詐騙經常以下面管道找到目標群：

1. 透過熟悉的朋友，朋友因為獲利了，所以會推薦好朋友加入，往往受騙者因為相信朋友而誤入詐騙陷阱。詐騙集團甚至會租用高級辦公室當掩護，以取信被害人。

2. 透過社群網站，如：臉書（Facebook）、IG（Instagram）、

LINE、WeChat 等，偽裝成白富美、高富帥與你聊天，等到漸漸取得信任後，就會向你推薦投資金融產品。

3. **透過釣魚網站，就是假冒網站。**假冒網站會使用與官方網站相同的域名，幾乎是以假亂真，讓你誤以為是官方網站然後開設帳戶。

提醒大家，一定要自己親自去實體銀行開戶，傳授 2 招教讀者辨識詐騙伎倆：

1. **專人代為操作（不斷訴求輕鬆賺錢：獲利高、收息穩定、推薦有獎金）**
2. **海外開戶（入金容易，無法出金）**

出現以上狀況，基本上可以合理懷疑與詐騙有關。

詐騙案例

受害者於海外開戶，入金容易，但獲利後卻無法出金。

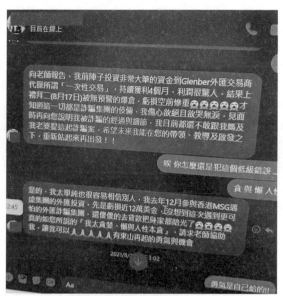

圖表 4-7　詐騙的相關案例

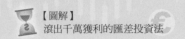

19 透過冥想，
改善投資心態

先「毒盤」，再「讀盤」

　　外匯投資前，一定要先「毒盤」，其實是「讀盤」，但我都說「毒盤」，為什麼？因為毒盤是一種態度，金融投資是一個五濁惡世中最毒的世界，會陷入很多的情緒交易陷阱，恐懼與貪婪並存，在每一筆快速的成交中，你可能快速致富，也可能最終虧損資金。所以在每次下單之前，都要先做好「毒盤」的功課，也要認知：絕不能被貪婪與恐懼所左右。

　　先「毒盤」，再「讀盤」，後者就是把匯市行情做一個

全盤性的閱讀，看出可能的獲利機會與風險，然後去設計一個交易機會。「做多」或「做空」得「讀盤」後，才會清楚要看漲還是看跌。

「直覺 K 戰」教大家平均一天 2 小時執行一次交易，遇到好的獲利空間，再決定操作。有時交易機會出現，但獲利空間很小，交易不了幾張單，萬一遇到好的獲利機會，那就要盡速加碼。「讀盤」就是去了解市場需求，市場就是客戶，「K 棒」就是了解客戶需求的工具。

從來就沒有所謂的心魔，價格波動只是正常呼吸

很多人買就跌、賣就漲，以為是心魔作怪。我問大家，執行交易的是誰？是「人」，是人就會有情緒，在交易當中，一連串感性、非理性的決策，可能是源於恐懼、貪婪或是成長背景或文化的影響，市場價格波動只是反應市場的脈動，就當成是呼吸就好，所以從來就沒有心魔，只有人對市場的情緒反應。

麥當勞之所以會炸出好吃的薯條，是因為有嚴謹的製作流程。從挑選好品質的馬鈴薯、儲藏、去皮、急速冷凍、炸

幾分鐘，都有明確的規定，每個流程環環相扣，才能呈現美味薯條。做投資也是一樣，要克服情緒的影響與控制，就是要嚴格執行 SOP。

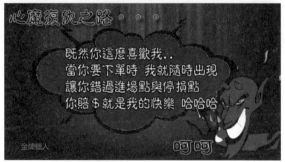

圖表 4-8　心魔復仇之路

金融世界是一個夢工廠

金融世界是一座大型的夢工場，人人都想從中撈金，

因為可以快速實現人生夢想。很多人以為金融市場賺錢很快、很簡單、很好賺，這是一般人的錯誤認知。金錢有很強大的威力與誘惑力，貿然進入可能死無葬身之地。想要突破人的七情六慾，最好的解方就是：把自己訓練成一個執行 SOP 的機器人，該進場就進場，該出場就出場。

這句話大家記起來：「投資交易是人生決策的練習場；賺錢賠錢是決策品質的呈現。」每個投資人都該找出腦袋裡偏差的想法，因為這些想法存在你的潛意識中，會一直影響你做出偏差的行為。每個投資人也必須知道每一次交易失敗的原因，因為思考與分析可以快速改善決策品質。另外很重要的一點，要透過投資冥想，來覺察情緒。

一般來說，做投資交易的鮮少會親近身心靈世界；而身心靈的修行者更是遠離汙濁的投資世界。「投資冥想與財富密碼」是我首創的課程，將最汙濁的投資世界與最清淨的身心靈冥想世界落地融合在一起；投資交易除了需要擁有技術面完整的 SOP 之外，更需要在心理素質上不斷的精進，我個人在建立直覺 K 戰操盤系統後，技術部分已經固定無須再調整；想要穩定獲利，反而在投資交易的心態上必須不斷的透過投資冥想向內深度覺察與探索自己，這是終生的功課。

投資冥想與財富密碼自開課以來已經幫助許多學員發

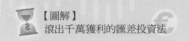

現自己長期錯誤的投資觀念，所謂「認知養成習慣決定命運」，而錯誤的投資認知建立錯誤的投資習慣產生悲慘的人生。

投資交易要穩定獲利兩要件：正確的技術與成熟的心態，技術只能讓你大賺但守不住獲利就會全數吐回給市場，白忙一場；成熟的心態要溯源到原生家庭的基因，投資冥想就是要直指核心，從源頭處理所造成的錯誤認知才能正本清源、一勞永逸。

意識（投資冥想）是方向盤、量子科技是加速器、直覺 K 戰是變現工具。首次將量子科技與投資交易結合，這本書會限量送給大家「量子財富貼片」，以市價百萬的最新量子儀器，注入正能量的一種貼片，用現代高科技程式輸入，能清理身上負磁場和負能量。不好的能量出去了，好的能量才能進來，送給本書的讀者，祝福大家心想事成。

觀照覺察

時時刻刻觀照覺察自己的念頭
投資交易就是人生決策練習場
投資的賺賠就是決策品質的呈現

圖表 4-9　觀照覺察

結語
投資外匯，過上優雅的生活

　　外匯投資，是一種優雅的生活型態。等待好的交易機會才會進場，每次只用 2 小時做對獲利時就狠狠加碼放大獲利，做錯賠錢時就停損出場等待下一次機會。

　　當沒有好的交易機會時，就是過好自己的生活，以健康為核心、安排運動、家庭生活、該幹麼就幹麼，生活不能被投資綁架，甚至賠錢套牢不停損留隔夜，愈留愈長到幾週、數月，甚至數年，長時間處於賠錢的狀態會讓自己的正能量不斷下降，負能量不斷上升，長期影響自己的運勢。

　　直覺 K 戰是專注在當下實戰「活的 K 棒」為核心，目標讓全球 1 億人能學習到這套方法，幫助 1 千萬個家庭實現財務自由。未來將持續出書公開整套系統的核心，讓投資人能有另一套投資獲利的選擇。

　　金牌獵人投資學院為學員提供一套無本金創業機會，只要透過完整的學習，並通過實戰交易測驗，就能獲得一筆真實資金操作，開始投資外匯獲利，還能獲得最高 85％的分

潤。只要擁有獲利能力就啟動外匯創業計畫，自己不用出資
金、風險由學院承擔，這是投資外匯圓夢的第一步，期待有
更多的想改變未來的朋友一起勇闖外匯夢工廠。

　　打造自己心中的「交易聖域」。交易世界的交易之神，
其實在我們自己心中，時時刻刻要對市場保持尊敬與謙
卑，沒有自我執念，就能悠遊於投資交易世界。

附錄
MT5 平台基礎教學

買賣的概念

做外匯的概念就是：賺價差！請把所有的「貨幣」都當成「商品」，要去買商品一定要有錢，錢就叫做「保證金」（見圖表 A-1）。

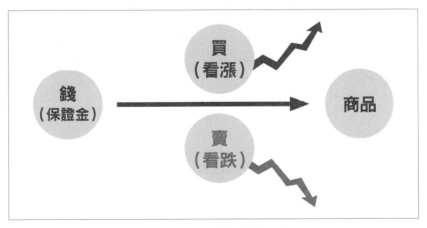

圖表 A-1　做外匯的概念

外匯的價格就是「匯率」。若預期匯率會往「上漲」，買低賣高就賺了。若預期匯率會往「下跌」，高賣低買就賺了（見圖表 A-2）。

看漲：先買進（進場），以後賣掉（出場）
看跌：先賣出（進場），以後買回來（出場）

看漲（做多）
10 元買進（進場），以後漲到 60 元賣掉出場（賺了 50 元）
不漲，反而跌到剩下 5 元，虧損 5 元

看跌（做空）
60 元賣出（進場），以後跌到 10 元買回出場（賺了 50 元）
不跌，反而漲到 65 元，虧損 5 元

圖表 A-2　看漲做多、看跌做空

買賣的時間

外匯是 24 小時交易，週六日不交易（見圖表 A-3）。

冬令時間：當日凌晨 6:00 至次日凌晨 6:00

夏令時間：當日凌晨 5:00 至次日凌晨 5:00

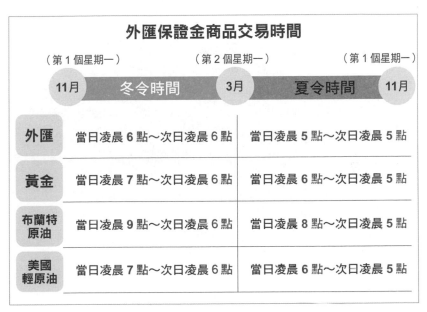

圖表 A-3　外匯保證金商品交易時間

保證金的算法

　　透過外匯保證金，投資者可以用很小的資金，去交易一筆合約價值大很多的外匯合約。槓桿是外匯保證金交易最大的特色，國內券商多半提 30 倍的槓桿幫助投資者進行外匯交易（見圖表 A-4）。

保證金算法

外匯：**10 萬商品貨幣 ÷ 槓桿 × 交易數量**（單位：手）

例如：交易 **1** 手（歐元／美元）
　　　保證金 = 10 萬歐元 ÷30 倍 = 3,334 歐元（3,600 美元）

例如：交易 **0.1** 手（歐元／美元）
　　　保證金 = 1 萬歐元 ÷30 倍 = 334 歐元（360 美元）

例如：交易 **0.01** 手（歐元／美元）
　　　保證金 = 1 千歐元 ÷30 倍 = 34 歐元（36 美元）

圖表 A-4　保證金算法

平台的操作

券商會協助平台設定，安裝好 MT5 之後，先將平台做一個整理。建議如見圖表 A-5：

上方：工具列
左方：商品報價
下方：交易紀錄
中間：K 線圖

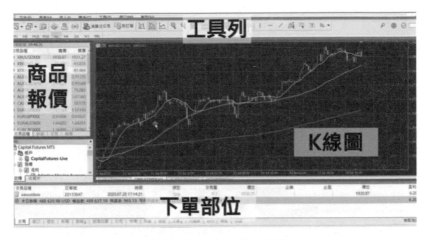

圖表 A-5 MT5 平台畫面

如何打開 K 線圖？

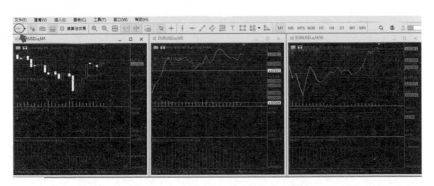

圖表 A-6 MT5 如何打開 K 線圖

每按一次左上方類似閃電的圖案（即圖表 A-6 紅圈
處），就可以開出一個新的 K 線圖。

如果要開 3 種 K 線圖，就按 3 次。

開好後，想要畫面整齊，就按「田」字，系統就會自動
排列整齊（見圖表 A-7、圖表 A-8）。

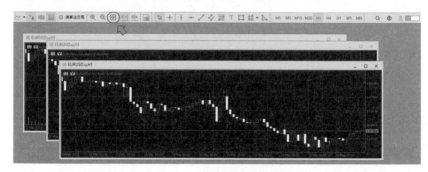

圖表 A-7　讓畫面整齊的方法

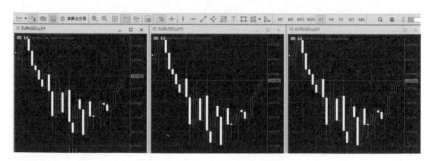

圖表 A-8　畫面排列整齊

　　排列整齊後，再把 K 線圖調整好：M1、M5、M15，可
按下面步驟（見圖表 A-9）：

　1. 點擊該 K 線圖

　2. 點擊右上角 M1

　3. 確認 K 線圖是否為 M1

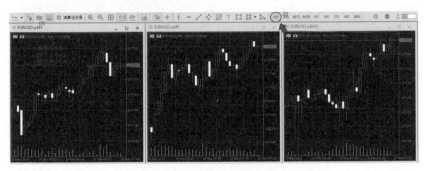

圖表 A-9　確認 K 線的類型

　　以此類推，將 M1、M5、M15 線圖調整好。

　　MT 平台的許多指標，可以點擊進入看看功能是什麼。

（見圖表 A-10）

圖表 A-10　各種不同的功能

下單的方式

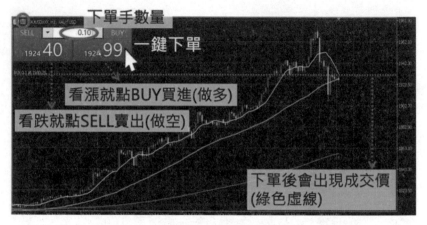

圖表 A-11　下單方式

1. 先確定交易幣別（圖表 A-11 左上方英文）

2. 下單手數量（例如：0.10 就是 0.1 手的意思）

3. 下單後，K 線圖上會出現成交價（綠色虛線）

切換商品

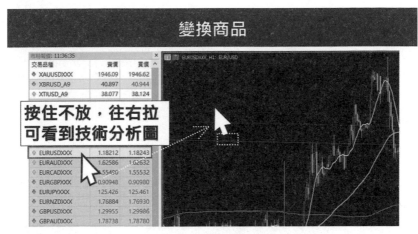

圖表 A-12　切換商品

平倉出場

平倉：於畫面下方的工具箱裡可以看到未平倉部位，
點選部位最右邊的【X】，可直接平倉

圖表 A-13　平倉出場

設定停損、停利

　　下單後，若要設定停損、停利，電腦也可以直接拉動滑鼠，操作停損、停利。

　　工欲善其事，必先利其器。外匯投資一定要熟練平台操作，交易才會順暢。下單之前已經先在心裡設定好損益點，下單之後就立刻可以在線圖上直接拉出盈虧線。如圖表A-14所示：

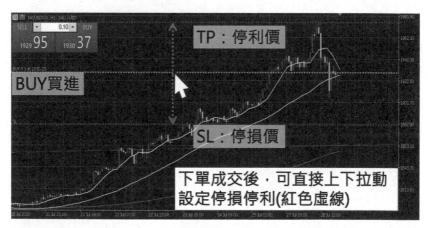

圖表 A-14　下單後，設定停損價和停利價

- 盈：TP（Target Price），簡稱 TP，就是目標價位。
- 虧：SL（Stop Loss）簡稱 SL，就是停止虧損價位。

注意：TP 和 SL 如果沒有拉出來，有可能是拉距的位置不夠，再將之距離拉大即可。拉好之後表示盈虧確認，一旦出現顏色，表示警示訊號，意味著目標接近。

怎麼設置拖曳拉線？

若下單後，K 線圖上沒有顯示綠色虛線的成交線，可以在黑色 K 線圖上按滑鼠右鍵，選擇「交易水準」即可（見圖表 A-15）。

圖表 A-15　點選「交易水準」

如果不在線圖上操作，也可以直接從工具裡面做設定
（見圖表 A-16）。

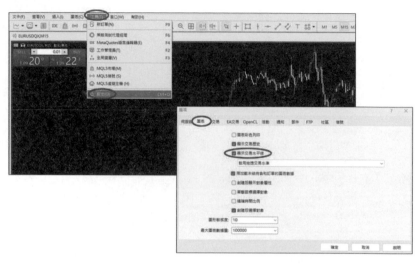

圖表 A-16　點選「工具」做設定

設定停損停利：於未平倉部位中的【止損】、【止盈】
的數字欄位上點兩下即可修改停損停利價位

停損 停利

在部位的停損停利框框中【點兩下】

圖表 A-17　從下單的地方，設定停損、停利

設定停損停利價格，點選「修改」

圖表 A-18　填入停損、停利的目標

　　下單方式有 2 種，一種是「即時下單」，一種是「掛單交易」。「即時下單」在交易價格上選擇，一鍵就可以下單，如圖表 A-19：

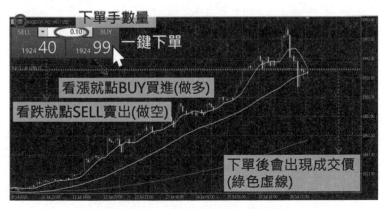

圖表 A-19　即時下單的交易方式

　　若想「掛單交易」，可以直接在線圖上按滑鼠右鍵，點
選「交易」來下單，如圖表 A-20：

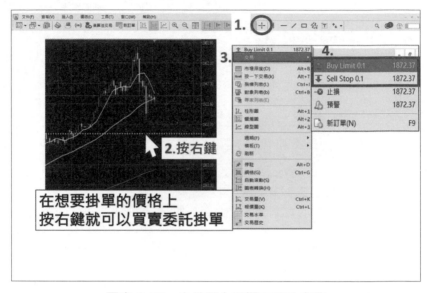

圖表 A-20　在線圖上選擇下單的步驟

限價買盤（buy limit）、限價賣盤（sell limit）

　　限價，就是制定價格，可以高於或低於當時的市場價格
賣出或買入（見圖表 A-21）。

突破買盤（buy stop）、突破賣盤（sell stop）

就是當行情上漲突破壓力時進場追多，或是行情跌破支撐時進場追空（見圖表 A-21）。

圖表 A-21　常見的四種掛單方式

380以5宏
~8/26

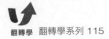

翻轉學 翻轉學系列 115

【圖解】滾出千萬獲利的匯差投資法

冠軍分析師金牌獵人從零開始傳授「獨創活 K 線」，
掌握交易時間週期，輕鬆賺匯差

作　　　　者	金牌獵人（朱均澤）
封 面 設 計	FE 工作室
內 文 排 版	黃雅芬
校　　　　對	魏秋綢
行 銷 企 劃	呂玠蓉
出版二部總編輯	林俊安

出 版 者	采實文化事業股份有限公司
業 務 發 行	張世明・林踏欣・林坤蓉・王貞玉
國 際 版 權	鄒欣穎・施維真・王盈潔
印 務 採 購	曾玉霞・謝素琴
會 計 行 政	李韶婉・許俶瑀・張婕莛
法 律 顧 問	第一國際法律事務所　余淑杏律師
電 子 信 箱	acme@acmebook.com.tw
采 實 官 網	www.acmebook.com.tw
采 實 臉 書	www.facebook.com/acmebook01

I S B N	978-626-349-340-7
定 價	380 元
初 版 一 刷	2023 年 7 月
劃 撥 帳 號	50148859
劃 撥 戶 名	采實文化事業股份有限公司
	104 台北市中山區南京東路二段 95 號 9 樓
	電話：(02)2511-9798　傳真：(02)2571-3298

國家圖書館出版品預行編目資料

【圖解】滾出千萬獲利的匯差投資法：冠軍分析師金牌獵人從零開始
傳授「獨創活 K 線」，掌握交易時間週期，輕鬆賺匯差 / 金牌獵人（朱
均澤）著 . – 台北市：采實文化，2023.7
248 面；14.8×21 公分 . -- （翻轉學系列；115）
ISBN 978-626-349-340-7（平裝）

1.CST: 外匯投資 2.CST: 外匯交易 3.CST: 投資分析

563.23   112008745

采實出版集團
ACME PUBLISHING GROUP